처음 쓰는 대장경

처음 쓰는 대장경

곽철환

마음을 다스리는 대장경 핵심 구절 필사집

"안정에 이르기 위해 지금 불교 속으로 간다"
번뇌에서 벗어나 청정한 믿음에 이르는 길

시공사

❖

대장경은 방대하지만 널리 익히는 것은 그리 많지 않고,
게다가 그 가운데 요점이 되는 부분을 발췌하여 간추리면
그 분량은 손안에 들어온다.

불교는 마음의 안정에 이르는 방법을 가르친다. 마음이 불안정한 이유는 삶이 자신의 뜻대로 되기를 바라는 탐욕 때문이고, 자신의 색안경으로 대상을 끊임없이 좋다, 싫다 등으로 분별하기 때문이고, 생각이 과거와 미래로 떠돌아다니기 때문이다.

생로병사에 자신의 의지가 없듯이, 삶은 인연 따라 흐르지 결코 자신의 바람대로 흐르지 않는다. 그래서 바람이 많을수록 바람대로 되지 않는 게 많아 마음의 혼란은 가중되고, 자신의 탐욕이 채워지지 않아 분노한다. 그러니까 자신의 뜻대로 되기를 바라는 게 탐욕이고, 탐욕 때문에 분노하고, 탐욕을 일으키는 게 어리석음이다.

인간은 대상을 있는 그대로 보지 않고 자신의 색안경으로 분별한다. 분별은 대상을 좋다와 싫다, 예쁘다와 못나다, 깨끗하다와 더럽다와 같이 감정이 가른 이분화二分化이다. 이 대립하는 이분의 분별이 마음을 산란하게 한다. 왜냐하면 마음은 그 분별의 어느 한쪽에 애착하거나 혐오하기를 끊임없이 반복하면서 흔들리기 때문이다.

생각은 시도 때도 없이 줄줄이 일어나 어디론가 간다. 과거로 가서 자책과 회한과 원망에 빠지고, 미래로 가서 스스로 불안과 걱정을 만들어 낸다. 자신이 애지중지하는 몸이 '지금 이곳'에 있으니, '지금 이곳'만이 삶의 현장이고 그 외는 다 머릿속에서 꾸며 낸 허구다. 그러니 생각을 '지금 이곳'에 데리고 있는 것, 이것이 안정에 이르는 길이다.

안정만 바라면 인생이 나약하고 시시하다고 여길지도 모른다. 그러나 인간이 건강을 챙기고 재물을 얻기 위해 애써 노력하고 고생하는 것은 다 안정을 위한 것이다. 그런데 건강과 재물이 안정에 반드시 필요한 조건이긴 하지만 그것이 곧 안정은 아니라는 게 문제다.

인간은 자신의 행복을 위해 움직이고 쉬기를 반복하지만 마음이 안정되지 않으면 '행복하다'는 느낌도 일어나지 않는다. 누구나 다 힘들고 어려운 여건 속에서 미래의 안정에 희망을 걸고 살지만 안정만큼 어려운 게 없다.

그 안정에 이르기 위해 지금 불교 속으로 간다.

곽철환

- 산스크리트와 팔리어의 한글 표기는 된소리와 장음 표기를 쓰지 않고, 동일 겹자음일 경우에 앞 자음은 받침으로 표기했다.

  예) ⓟvipassanā ⇒ 위팟사나

- '四念處'를 대부분 사념처 또는 4념처로 적으나 이는 잘못된 표기다. 왜냐하면 염처念處 라는 용어가 있기 때문이다.

  예) 신여성 新女性 , 공염불 空念佛 , 중노동 重勞動

  따라서 四念處는 4염처 또는 사염처로 적어야 한다. 마찬가지로 신염처身念處 · 수염처受念處 · 심염처心念處 · 법염처法念處 이고, 『대염처경大念處經』이다.

- 전거에서, 예를 들어 『잡아함경雜阿含經』 제15권 제402경의 402는 『대정신수대장경大正新脩大藏經』의 경 번호이다. 『니카야』의 경우, 『디가 니카야』 22 「대염처경大念處經」과 『맛지마 니카야』 54 「포탈리야경」의 22와 54는 경 번호이고, 『상윳타 니카야』 56 : 11 「전법륜轉法輪」에서 56은 분류division 번호이고, 11은 경 번호이다.

- 인용문에 나오는 용어와 인명을 해설하고 '가나다'로 배열하여 책 뒤에 덧붙였다.

- 용어와 인명 해설에서 ⓢ는 산스크리트, ⓟ는 팔리어를 가리킨다.

- 음사音寫 는 산스크리트와 팔리어를 한자로 옮길 때 소리 나는 대로 적은 것이고, 번역은 그것을 뜻으로 적은 것이다.

  예) 아나함阿那含 ⓢⓟanāgāmin의 음사, 불환不還 · 불래不來 라고 번역

  　　반야般若 ⓢprajñā의 음사, 지혜라고 번역

  　　반열반般涅槃 ⓢparinirvāna ⓟparinibbāna의 음사, 멸도滅度 · 입멸入滅이라고 번역

차례

一章

물거품 같고 뜬구름 같고 번개 같은 몸

처음 쓰는 대장경

이 몸은 성城 같아
뼈로 기둥이 되고 살이 붙어져
태어나서 늙고 죽음에 이르기까지
성냄과 교만을 간직하고 있을 뿐이네.

『법구경法句經』「노모품老耄品」

몸이 병들어 야위는 것은
꽃이 시들어 떨어지는 것 같고
죽음이 닥치는 것은
여울의 급류 같다.

『법구경』「화향품華香品」

'지금 나의 이 몸은 4대大(지地·수水·화火·풍風)가 화합한 것이니, 머리카락·털·손발톱·이·살갗·살·힘줄·뼈·골수·뇌·더러운 형상은 다 지로 돌아가고, 침·콧물·고름·피·진액·가래·땀·눈물·정기·대소변은 다 수로 돌아가고, 따뜻한 기운은 화로 돌아가고, 움직이는 기운은 풍으로 돌아간다. 4대가 제각기 흩어지면 지금의 허망한 몸은 어디에 있겠는가?'

이 몸은 끝내 실체가 없고 화합해서 형상이 이루어진 것으로 허깨비 같음을 알게 되리라.

『원각경圓覺經』「보안보살장普眼菩薩章」

붓다께서 말씀하셨다.
"몸을 이루는 4대人는 각각 이름만 있고 '자아'는 없다고 생각하라. '자아'가 없
으니 그것은 허깨비와 같다."

『42장경章經』

육신이 죽으면 정신은 떠나니
마부가 버린 수레와 같다.
살은 썩어 없어지고 백골은 흩어지니
이 몸을 어찌 믿고 의지할 수 있겠는가.

『법구경』「노모품」

괴로움의 무더기인 이 몸에 대해
큰 지혜로 분별해서 설하나니
목숨과 온기와 의식이 떠나면
이 몸은 버려질 물건이니라.

그 3가지가 떠나고
남겨진 몸뚱이는
영영 무덤가에 버려지나니
마치 의식 없는 나무토막 같으리.

이 몸은 늘
상처 같고 독가시 같고
견고하지 않거늘
허깨비는 어리석은 사람을 속이니라.

비구야, 부지런히 거듭 수행해
무더기로 이루어진 이 몸을 관찰하고
밤낮으로 항상 오로지 한곳에 집중해
바른 지혜로 알아차리기를 확립하면
온갖 분별 영원히 쉬어
청량한 곳에 이르리라.

『잡아함경』 제10권 제265경

붓다께서 말씀하셨다.

"너희들은 아직 괴로움의 뜻을 잘 모르는구나. 이 세상에서 몸보다 더 괴로운 것은 없다. 배고프고 목마른 것, 춥거나 더운 것, 미워하고 성내는 것, 놀라고 두려워하는 것, 음욕과 원한은 다 몸에서 비롯된다.

몸은 온갖 괴로움의 근본이고, 근심과 불행의 근원이다. 마음을 괴롭히고 생각에 시달리며 근심하고 두려워하는 것도, 세계의 온갖 것이 서로 해치는 것도, 우리가 생사에 얽매여 벗어나지 못하는 것도 다 몸에서 비롯되기 때문이다."

『법구비유경法句譬喩經』 제3권 「안녕품安寧品」

유마힐維摩詰은 이와 같이 한량없는 방편으로 중생들을 이롭게 했다. 또 그는 방편으로 몸에 병을 나타내었고, 그 때문에 국왕 · 대신 · 장자 · 거사 · 바라 문 · 왕자 · 관리 등 수천 명이 문병했다. 유마힐은 그를 찾아온 사람들에게 몸 의 병을 예로 들어 설법했다.

"인자仁者들이여, 이 몸은 무상無常하여 강하지도 굳세지도 않고 무력하며 너무 나 빨리 썩기 때문에 믿을 게 못 됩니다. 괴로움과 근심의 근원이고 온갖 병이 모이는 곳입니다.

인자들이여, 이 몸은 총명하고 지혜로운 사람이 의지할 바가 못 됩니다. 이 몸 은 만질 수 없는 거품 덩어리 같고, 이 몸은 오래 지속될 수 없는 물거품 같고, 이 몸은 갈애渴愛에서 생긴 불꽃 같고, 이 몸은 알갱이 없는 파초 같고, 이 몸은 그릇된 생각으로 일어난 허깨비 같고, 이 몸은 허망하게 나타난 꿈 같고, 이 몸은 저지른 업에 따라 나타나는 그림자 같고, 이 몸은 인연 따라 생기는 메아 리 같고, 이 몸은 순식간에 사라지는 뜬구름 같고, 이 몸은 찰나도 머물지 않 는 번개 같습니다. 이 몸은 주인이 없으니 땅과 같고, 이 몸에 자아가 없으니 불과 같고, 이 몸에 목숨이 없으니 바람과 같고, 이 몸에 영혼이 없으니 물과 같습니다."

『유마경維摩經』 제2 「방편품方便品」

모든 중생의 몸과 마음은 허깨비 같아서

몸은 4대大에 속하고

마음은 6진塵으로 돌아가나니

4대가 제각기 흩어지면

무엇을 화합이라 하겠는가.

이같이 점점 수행하면

일체가 다 청정해져서

요동치 않고 온 누리에 두루 하리라.

『원각경』「보안보살장」

이 몸은 실체가 없어 4대大로 집을 삼고, 이 몸은 텅 비어 나와 내 것을 떠나고, 이 몸에 앎이 없어 초목이나 돌과 같고, 이 몸에 의지가 없어 바람 따라 굴러가고, 이 몸은 청정하지 않아 더러움으로 가득하고, 이 몸은 헛것이어서 비록 썻고 입고 먹어도 반드시 부서져 없어지고, 이 몸은 재앙이어서 101가지 병에 시달리고, 이 몸은 언덕의 메마른 우물 같아서 늙음에 쫓기고, 이 몸에 고정된 게 없어서 반드시 죽기 마련이고, 이 몸은 독사 같고 도둑 같고 텅 빈 마을 같고, 5온蘊 · 12처處 · 18계界가 모여서 이루어진 것입니다.

『유마경』 제2 「방편품」

二章

탐욕과 집착과 분별의 무더기

처음 쓰는 대장경

나타羅陀 비구가 붓다에게 여쭈었다.

"세존이시여, 중생이란 어떤 자를 말합니까?"

붓다께서 말씀하셨다.

"색色에 집착하고 얽매이는 자를 중생이라 하고, 수受 · 상想 · 행行 · 식識에 집착하고 얽매이는 자를 중생이라 한다.

나타야, 색의 경계는 반드시 허물어 소멸시켜야 하고, 수 · 상 · 행 · 식의 경계도 반드시 허물어 소멸시켜야 한다. 그래서 애욕을 끊어 애욕이 다하면 괴로움이 다할 것이니, 괴로움이 다한 사람을 나는 '괴로움의 끝에 이르렀다'고 한다. 비유하면 마을의 어린이들이 놀이로 흙을 모아 성과 집을 만들어 놓고, 소중히 여기고 집착하여 애욕이 끝이 없고 생각이 끝이 없고 탐닉이 끝이 없어, 늘 아끼고 지키면서 말하기를 '내 성이다, 내 집이다' 하다가 그 흙더미에 애욕이 다하고 생각이 다하고 탐닉이 다하면 손으로 파헤치고 발로 차서 허물어뜨리는 것과 같다."

『잡아함경』 제6권 122경

마하구치라摩訶拘絺羅가 사리불舍利弗에게 물었다.

"비구가 아직 확실한 법法을 얻지 못해 그것을 구하려면, 어떤 수행을 하고 어떤 법을 사유해야 합니까?"

사리불이 대답했다.

"확실한 법을 구하려면 정성을 다해 5온蘊은 병 같고 등창 같고 가시 같고 상처 같고, 무상無常하고 괴롭고 텅 비어 자아가 없다고 사유해야 합니다."

『잡아함경』 제10권 259경

5온蘊에 대한 집착을 끊고
고요히 사유하여 지혜로워지면
다시는 괴로움의 연못으로 돌아가지 않나니
모든 것을 버려 그 마음이 밝다.

『법구경』「명철품明哲品」

비구들아, 갠지스강의 물결을 보라.
거기에는 실체도 없고 본질도 없다.
비구들아, 어떻게 물결에 실체와 본질이 있겠는가.

색色은 물결
수受는 물거품
상想은 아지랑이
행行은 파초
식識은 허깨비.

이것이 세존의 가르침이다.

『상윳타 니카야』 22 : 95 「물거품」

五

"세존이시여, 자주 '무상無常', '무상' 하시는데, 무엇을 무상이라고 합니까?"
"라다야, 우리의 색色은 변한다. 우리의 수受는 변한다. 우리의 상想은 변한다.
우리의 행行은 변한다. 우리의 식識은 변한다.
라다야, 이같이 관찰해서 일체를 떠나라. 일체를 떠나면 탐욕이 없어지고, 탐
욕이 없어지면 해탈할 수 있다. 해탈한 그때, 미혹된 삶은 끝난다."

『상윳타 니카야』 23 : 13 「무상無常 (1)」

六

"세존이시여, '괴로움', '괴로움' 하시는데, 어떤 것을 괴로움이라고 합니까?"
"라다야, 색色은 괴로움이고, 수受는 괴로움이고, 상想은 괴로움이고, 행行은 괴
로움이고, 식識은 괴로움이다
라다야, 나의 가르침을 들은 제자들은 이렇게 관찰하여 색을 싫어하여 떠나고,
수 · 상 · 행 · 식을 싫어하고 떠나 거기에 집착하지 않는다. 집착하지 않으므
로 해탈에 이른다."

『상윳타 니카야』 23 : 15 「괴로움(1)」

어느 때 붓다께서 사위국 기수급고독원에서 여러 비구에게 말씀하셨다.

"색色은 무상無常하다. 무상은 곧 괴로움이고, 괴로움은 자아가 아니며, 자아가 아니면 내 것 또한 아니다. 이렇게 통찰하는 것을 진실하고 바른 통찰이라 한다. 이와 같이 수受 · 상想 · 행行 · 식識도 무상하다. 무상은 곧 괴로움이고, 괴로움은 자아가 아니며, 자아가 아니면 내 것 또한 아니다. 이렇게 통찰하는 것을 진실하고 바른 통찰이라 한다.

거룩한 제자들아, 이렇게 통찰하는 자는 색을 싫어하고, 수 · 상 · 행 · 식을 싫어하고, 싫어하므로 즐기지 않고 즐기지 않으므로 해탈하게 된다."

『잡아함경』 제1권 9경

케마카라는 비구가 병으로 누워 있을 때, 여러 비구가 병문안을 왔다.

"어떤가, 견딜 만한가?"

"어찌나 아픈지 나는 견딜 수가 없네."

그때 한 비구가 그를 위로하고자 말했다.

"세존께서는 무아無我의 가르침을 설하지 않았는가."

그러자 케마카는 "나는 '나'가 있다고 생각한다"고 대답했다.

이에 여러 비구가 따지고 들자 케마카가 말했다.

"벗들이여, '나'가 있다는 것은 이 몸이 '나'라는 뜻이 아니다. 또 감각이나 의식을 가리킨 것도 아니다. 또 그것들을 떠나서 따로 '나'가 있다는 뜻도 아니다. 벗들이여, 예를 들면 꽃의 향기와 같다. 만약 어떤 사람이 꽃잎에 향기가 있다고 한다면, 이 말을 맞다고 하겠는가. 줄기에 향기가 있다고 한다면, 이 말을 맞다고 하겠는가. 또 꽃받침에 향기가 있다고 한다면, 어떠하겠는가. 역시 향기가 꽃에서 난다고 할 수밖에 없지 않은가.

그것과 마찬가지로 몸이나 감각이나 의식을 '나'라고 하는 것은 옳지 않다. 또 그것을 떠나서 따로 '나의 본질'이 있다고 하는 것도 옳지 않다.

나는 그것들의 통일된 형태를 '나'라고 한다."

『상윳타 니카야』 22 : 89 「케마카」

三章

괴로움과 그것의 소멸

처음 쓰는 대장경

어느 때 붓다께서 바라내국의 선인仙人이 살던 녹야원에서 여러 비구에게 말씀하셨다.

"4성제聖諦를 평등하고 바르게 깨달은 분을 여래如來 · 응공應供 · 등정각等正覺이라 한다. 어떤 것이 4가지인가?

괴로움이라는 성스러운 진리〔苦聖諦〕, 괴로움의 발생이라는 성스러운 진리〔集聖諦〕, 괴로움의 소멸이라는 성스러운 진리〔滅聖諦〕, 괴로움의 소멸에 이르는 길이라는 성스러운 진리〔道聖諦〕이다."

『잡아함경』 제15권 402경

어느 때 세존께서 비구들에게 말씀하셨다.

"나와 너희들이 4성제聖諦를 알지 못하고 보지 못하고 깨닫지 못하고 받아 지니지 못했다면, 우리는 오랜 세월 동안 생사에서 헤매었을 것이다."

『잡아함경』 제15권 403경

비구들아, 4성제聖諦를 꿰뚫어 통달하지 못했기 때문에 나와 너희들은 오랫동안 괴로움에서 벗어나지 못했다.

『맛지마 니카야』 141 「진리의 분석경」

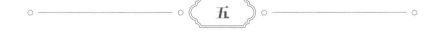

四

어떤 사람이 사리불에게 물었다.

"사리불이여, '고苦', '고'라고 합니다만, 어떤 것을 고라고 합니까?"

"벗이여, 이런 3가지가 고입니다. 그것은 고고苦苦 · 행고行苦 · 괴고壞苦입니다."

『상윳타 니카야』 38 : 14 「괴로움」

五

'이것은 고苦이다'라고 나는 설했다. '이것은 고의 발생이다'라고 나는 설했다. '이것은 고의 소멸이다'라고 나는 설했다. '이것은 고의 소멸에 이르는 길이다' 라고 나는 설했다.

나는 왜 그것을 설했는가?

그것은 열반涅槃에 이르게 하기 때문이다.

『맛지마 니카야』 63 「말룽키야에 대한 작은 경」

48

49

그때 사리자舍梨子가 여러 비구에게 말했다.

"여러분, 한량없는 선법善法이 있더라도 그 모든 법法은 다 4성제聖諦에 포함되어 4성제 안에 들어옵니다. 그래서 4성제가 모든 법에서 제일이라 합니다. 왜냐하면 모든 선법을 다 포함하기 때문입니다.

여러분, 그것은 모든 짐승의 발자국 가운데 코끼리의 발자국을 제일로 삼는 것과 같습니다. 왜냐하면 코끼리의 발자국이 가장 넓고 크기 때문입니다."

『중아함경中阿含經』 제7권 「상적유경象跡喻經」

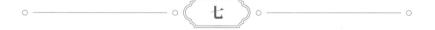
七

만약 비구가 고성제苦聖諦를 이미 알고 이미 이해했으며, 집성제集聖諦를 이미 알고 이미 끊었으며, 멸성제滅聖諦를 이미 알고 이미 증득했으며, 도성제道聖諦를 이미 알고 이미 닦았다면, 그런 비구는 문빗장이 없고 참호를 메웠으며(구속이나 속박에서 벗어났으며), 험난한 곳을 건넜고 결박에서 벗어났으니, 그를 현성賢聖이라 하고 성스러운 깃발을 세웠다고 한다.

『잡아함경』 제15권 386경

어느 때 붓다께서 바라내국의 선인이 살던 녹야원에서 여러 비구에게 말씀하셨다.

"4가지 법法을 성취하면 큰 의왕醫王이라 하나니, 의왕은 반드시 이 4가지를 갖추어야 한다. 어떤 것이 4가지인가?

하나는 병을 잘 아는 것이요, 둘은 병의 원인을 잘 아는 것이요, 셋은 병의 치료법을 잘 아는 것이요, 넷은 병을 치료하고 나서 재발하지 않게 하는 법을 잘 아는 것이다. (…)

여래 · 응공 · 등정각은 큰 의왕으로서 4가지 덕을 성취하여 중생들의 병을 치료한다.

어떤 것이 4가지 덕인가?

여래는 고성제苦聖諦를 진실 그대로 알고, 집성제集聖諦를 진실 그대로 알며, 멸성제滅聖諦를 진실 그대로 알고, 도성제道聖諦를 진실 그대로 안다.

비구들아, 저 세간의 훌륭한 의사는 태어남에 대한 근본 치료법을 진실 그대로 알지 못하고, 늙음 · 병듦 · 죽음 · 근심 · 슬픔 · 고뇌에 대한 근본 치료법을 진실 그대로 알지 못한다.

그러나 여래 · 응공 · 등정각은 큰 의왕으로서 태어남의 근본을 진실 그대로 알아 치료할 줄 알고, 늙음 · 병듦 · 죽음 · 근심 · 슬픔 · 고뇌에 대한 근본 치료법을 진실 그대로 안다. 그래서 여래 · 응공 · 등정각을 큰 의왕이라 한다."

『잡아함경』 제15권 389경

그때 세존께서 여러 비구에게 말씀하셨다.

"선남자가 바른 믿음으로 출가하여 도를 배우려면 반드시 4성제聖諦를 알아야 한다. (…)

3결結이 끊어져 수다원須陀洹의 경지에 이르렀다면, 그들은 다 4성제를 알았기 때문이다. (…)

3결이 끊어지고, 탐욕과 분노와 어리석음이 엷어져 사다함斯陀含의 경지에 이르렀다면, 그들은 다 4성제를 사실 그대로 알았기 때문이다. (…)

5하분결下分結이 소멸되어 다시 이 세간에 돌아오지 않는 아나함阿那含의 경지에 이르렀다면, 그들은 다 4성제를 알았기 때문이다. (…)

모든 번뇌가 다 소멸되어 심해탈心解脫과 혜해탈慧解脫을 이루어 '나는 이미 생이 다했고, 청정한 수행이 확립되었고, 해야 할 일을 이미 다해서, 다시는 미혹한 생존을 되풀이하지 않는다'는 것을 스스로 아는 아라한阿羅漢의 경지에 이르렀다면, 그들은 다 4성제를 알았기 때문이다. (…)

만약 벽지불辟支佛의 도를 증득했다면, 그들은 다 4성제를 알았기 때문이다. (…)

만약 최상의 바른 깨달음을 이루었다면, 그들은 다 4성제를 알았기 때문이다."

『잡아함경』 제15권 393경

어떤 것이 괴로움이라는 진리인가?

태어나는 괴로움, 늙는 괴로움, 병드는 괴로움, 죽는 괴로움, 근심하고 슬퍼하고 걱정하는 괴로움 등 헤아릴 수 없이 많고, 미워하는 사람과 만나야 하는 괴로움, 사랑하는 이와 헤어져야 하는 괴로움, 구해도 얻지 못하는 괴로움이다. 간단히 말해, 5음陰에 집착이 번성하므로 괴로움〔五盛陰苦〕이다. 이것이 괴로움이라는 진리이다.

『증일아함경增一阿含經』 제14권 「고당품高幢品」 제5경

현자들아, 과거에도 고성제苦聖諦였고, 현재와 미래에도 고성제이다. 참된 진리로서 헛되지 않고, 있는 그대로를 떠나지 않고, 그릇되지 않고, 참되고 분명한 사실이어서 있는 그대로의 진리와 일치한다. 이는 성자가 지니고, 성자가 알고, 성자가 보고, 성자가 이해하고, 성자가 인식하고, 성자가 바르게 깨달은 것이다. 그래서 고성제라고 한다.

『중아함경』 제7권 「분별성제경分別聖諦經」

그때 어떤 비구가 붓다에게 나아가 그의 발에 머리를 대는 예를 표한 뒤 한쪽에 앉아 여쭈었다.

"세존이시여, 이 4성제聖諦를 점차로 통달하게 됩니까, 아니면 한꺼번에 통달하게 됩니까?"

"이 4성제를 점차로 통달하는 것이지 한꺼번에 통달하는 것이 아니다. 예를 들면, 그것은 마치 네 계단을 거쳐 전당殿堂에 오르는 것과 같다. 만약 어떤 사람이 '첫 계단에 오르지 않고 둘째 · 셋째 · 넷째 계단을 거쳐 전당에 올랐다'고 한다면, 그것은 있을 수 없는 일이다. 왜냐하면, 첫 계단에 오른 뒤에 둘째 · 셋째 · 넷째 계단을 차례로 거쳐야 전당에 오를 수 있기 때문이다.

이와 같이 비구야, 고성제苦聖諦를 통달하지 못한 상태에서 집성제集聖諦, 멸성제滅聖諦, 도성제道聖諦를 통달하려고 한다면 그것은 있을 수 없는 일이다."

『잡아함경』 제16권 436경

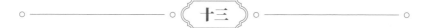

어떤 것이 괴로움의 발생이라는 진리인가?

느낌과 애욕을 끊임없이 일으켜 항상 탐내어 집착하는 것이다. 이것이 괴로움의 발생이라는 진리이다.

『증일아함경』 제14권 「고당품」 제5경

비구들아, 이것이 괴로움의 소멸이라는 진리이다.

갈애渴愛를 남김없이 소멸시켜 집착에서 벗어나 해탈하는 것이다.

『상윳타 니카야』 56 : 11 「전법륜」

十五

비구들아, 이것이 괴로움의 발생이라는 진리이다.

미혹한 생존을 초래하고, 쾌락과 탐욕을 동반하여 이곳저곳에 집착하는 갈애渴愛이다.

『상윳타 니카야』 56 : 11 「전법륜」

十六

갈애渴愛가 세상을 이끌고

갈애에 의해 끌려다니며

갈애라는 하나의 법法이

모든 것을 지배한다.

『상윳타 니카야』 1 : 63 「갈애渴愛」

그때 세존께서 여러 비구에게 말씀하셨다.

"이제 너희들에게 괴로움이 일어나는 길과 괴로움이 소멸하는 길을 말하리니, 새겨듣고 잘 생각하라. 어떤 것이 괴로움이 일어나는 길인가?

안眼과 색色으로 말미암아 안식眼識이 생기고, 이 3가지의 화합이 촉觸이다. 촉으로 말미암아 수受가 있고, 수로 말미암아 애愛가 있고, 애로 말미암아 취取가 있고, 취로 말미암아 유有가 있고, 유로 말미암아 생生이 있고, 생으로 말미암아 노병사老病死와 우비고뇌憂悲苦惱가 일어난다.

이耳 · 비鼻 · 설舌 · 신身 · 의意도 마찬가지다. 이것을 괴로움이 일어나는 길이라 한다. 어떤 것이 괴로움이 소멸하는 길인가?

안과 색으로 말미암아 안식이 생기고, 이 3가지의 화합이 촉이다. 촉이 소멸하면 수가 소멸하고, 수가 소멸하면 애가 소멸하고, 애가 소멸하면 취가 소멸하고, 취가 소멸하면 유가 소멸하고, 유가 소멸하면 생이 소멸하고, 생이 소멸하면 노병사와 우비고뇌가 소멸한다. 이리하여 큰 괴로움의 덩어리가 완전히 소멸한다.

이 · 비 · 설 · 신 · 의도 마찬가지다. 이것을 괴로움이 소멸하는 길이라 한다."

『잡아함경』 제8권 218경

비구들아, 그러면 무엇이 괴로움의 소멸에 이르는 길이라는 성스러운 진리인가?

그것은 바로 8정도正道이니, 정견正見(바르게 알기)·정사유正思惟(바르게 사유하기)·정어正語(바르게 말하기)·정업正業(바르게 행하기)·정명正命(바르게 생활하기)·정정진正精進(바르게 노력하기)·정념正念(바르게 알아차리기)·정정正定(바르게 집중하기)이다.

『디가 니카야』 22 「대염처경」

사리불의 옛 친구가 물었다.

"사리불아, 왜 세존과 함께 청정한 수행을 하는가?"

"벗이여, 괴로움에서 벗어나기 위해서이다."

"괴로움에서 벗어나는 길이 있는가?"

"길이 있다. 그것은 8정도正道이니, 정견正見·정사유正思惟·정어正語·정업正業·정명正命·정정진正精進·정념正念·정정正定이다."

『상윳타 니카야』 38 : 4 「무엇을 위하여」

염부차閻浮車가 사리불에게 물었다.

"어떤 것을 열반涅槃이라 합니까?"

사리불이 말했다.

"열반이란 탐욕이 다 없어지고, 분노가 다 없어지고, 어리석음이 다 없어져,
모든 번뇌가 다 없어진 것을 말합니다."

또 물었다.

"사리불이여, 거듭거듭 수행하면 열반을 얻는 길이 있고 방법이 있습니까?"

"있습니다. 그것은 8정도正道이니, 정견正見 · 정사유正思惟 · 정어正語 · 정업正業
· 정명正命 · 정정진正精進 · 정념正念 · 정정正定입니다."

『잡아함경』 제18권 제490-③경

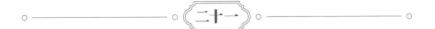

수밧다야, 어떤 가르침과 계율이든 8정도正道가 없으면 거기에는 수행자도 없다.

『디가 니카야』 16 「대반열반경大般涅槃經」

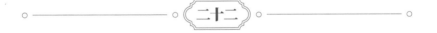

삶과 죽음은 몹시 괴롭지만
진리를 따르면 피안에 이른다.
세상 사람 건지는 8정도正道는
온갖 괴로움을 없애 준다.

『법구경』 「술불품述佛品」

비구들아, 그러면 무엇이 정견正見인가?

괴로움〔苦〕에 대해 아는 것, 괴로움의 발생〔集〕에 대해 아는 것, 괴로움의 소멸〔滅〕에 대해 아는 것, 괴로움의 소멸에 이르는 길〔道〕에 대해 아는 것, 이것이 정견이다.

비구들아, 그러면 무엇이 정사유正思惟인가?

번뇌의 속박에서 벗어난 사유, 악의가 없는 사유, 남을 해치지 않는 사유, 이것이 정사유이다.

비구들아, 그러면 무엇이 정어正語인가?

거짓말하지 않고, 이간질하지 않고, 거친 말을 하지 않고, 쓸데없는 말을 하지 않는 것, 이것이 정어이다.

『디가 니카야』 22 「대염처경」

비구들아, 그러면 무엇이 정업正業인가?

살생하지 않고, 도둑질하지 않고, 음란한 짓을 하지 않는 것, 이것이 정업이다.

❈

비구들아, 그러면 무엇이 정명正命인가?

성자의 제자는 그릇된 생계를 버리고 바른 생계로 생활한다. 이것이 정명이다.

『디가 니카야』 22 「대염처경」

비구들아, 그러면 무엇이 정정진正精進인가?

비구가 아직 생기지 않은 악하고 불건전한 것들*이 생기지 않도록 의욕을 가지고 부지런히 노력하는 데 마음을 쏟고, 이미 생긴 악하고 불건전한 것들을 끊으려는 의욕을 가지고 부지런히 노력하는 데 마음을 쏟고, 아직 생기지 않은 건전한 것들이 생기도록 의욕을 가지고 부지런히 노력하는 데 마음을 쏟고, 이미 생긴 건전한 것들을 유지하고 늘리고 개발하려는 의욕을 가지고 부지런히 노력하는 데 마음을 쏟는 것, 이것이 정정진이다.

『디가 니카야』 22 「대염처경」

● 　열반涅槃에 이르는 데 장애가 되는 탐욕과 분노와 어리석음의 3독毒을 말하고, 3독이 감소되는 상태를 '건전한 것들'이라 한다.

비구들아, 그러면 무엇이 정념正念인가?

비구가 몸[身]에서 몸을 관찰하면서 머문다. 세간에 대한 탐욕과 싫어하는 마음을 버리고, 근면하게 분명한 앎과 알아차리기를 지니고 머문다.

느낌[受]에서 느낌을 관찰하면서 머문다. 세간에 대한 탐욕과 싫어하는 마음을 버리고, 근면하게 분명한 앎과 알아차리기를 지니고 머문다.

마음[心]에서 마음을 관찰하면서 머문다. 세간에 대한 탐욕과 싫어하는 마음을 버리고, 근면하게 분명한 앎과 알아차리기를 지니고 머문다.

법法에서 법을 관찰하면서 머문다. 세간에 대한 탐욕과 싫어하는 마음을 버리고, 근면하게 분명한 앎과 알아차리기를 지니고 머문다. 이것이 정념이다.

『디가 니카야』 22 「대염처경」

비구들아, 그러면 무엇이 정정正定인가?

비구가 애욕과 불건전한 것들을 떠나고, 일으킨 생각과 지속적인 고찰*이 있고, (애욕 등을) 떠남으로써 기쁨과 안락이 있는 초선初禪에 들어 머문다.

일으킨 생각과 지속적인 고찰이 가라앉고, 마음이 고요하고 한곳에 집중됨으로써 기쁨과 안락이 있는 제2선禪에 들어 머문다.

기쁨을 버리고 평온에 머물며, 알아차리기와 분명한 앎을 지녀 몸으로 안락을 느낀다. 성자들이 '평온과 알아차리기를 지니고 안락에 머문다'고 한 제3선禪에 들어 머문다.

안락도 버리고 괴로움도 버리며, 이전에 기쁨과 슬픔을 없애 버렸으므로 괴롭지도 즐겁지도 않고, 평온과 알아차리기로 청정해진 제4선禪에 들어 머문다.

비구들아, 이것이 정정이다.

『디가 니카야』 22 「대염처경」

• '일으킨 생각(ⓟvitakka)'은 하나의 대상에 처음으로 마음을 일으키는 것이고, '지속적인 고찰(ⓟvicāra)'은 그 대상을 계속 세밀하게 관찰하는 것이다. 예를 들면 전자는 벌(마음)이 꽃(대상)을 향하여 거칠게 날갯짓을 하는 것과 같고, 후자는 벌이 꽃에 이르러 윙윙거리며 세밀하게 살피는 것과 같다.

이것이 있으므로 저것이 있고, 이것이 일어나므로 저것이 일어난다. 무명無明으로 말미암아 행行이 일어나고, 행으로 말미암아 식識이 일어나고, 식으로 말미암아 명색名色이 일어나고, 명색으로 말미암아 6처處가 일어나고, 6처로 말미암아 촉觸이 일어나고, 촉으로 말미암아 수受가 일어나고, 수로 말미암아 애愛가 일어나고, 애로 말미암아 취取가 일어나고, 취로 말미암아 유有가 일어나고, 유로 말미암아 생生이 일어나고, 생으로 말미암아 늙음 · 죽음 · 근심 · 슬픔 · 고뇌 · 절망이 일어난다.

이리하여 온갖 괴로움의 무더기가 일어난다. (…)

이것이 없으므로 저것이 없고, 이것이 소멸하므로 저것이 소멸한다. 무명이 소멸하므로 행이 소멸하고, 행이 소멸하므로 식이 소멸하고, 식이 소멸하므로 명색이 소멸하고, 명색이 소멸하므로 6처가 소멸하고, 6처가 소멸하므로 촉이 소멸하고, 촉이 소멸하므로 수가 소멸하고, 수가 소멸하므로 애가 소멸하고, 애가 소멸하므로 취가 소멸하고, 취가 소멸하므로 유가 소멸하고, 유가 소멸하므로 생이 소멸하고, 생이 소멸하므로 늙음 · 죽음 · 근심 · 슬픔 · 고뇌 · 절망이 소멸한다.

이리하여 온갖 괴로움의 무더기가 소멸한다.

『맛지마 니카야』 38 「갈애의 소멸에 대한 큰 경」

생각의 그림자

가지 못하게 막지 않는데도 극락에 가는 자가 적은 것은 탐욕과 성냄과 어리석음의 번뇌를 자기의 보물로 여기기 때문이고, 유인하지 않는데도 악도에 떨어지는 자가 많은 것은 육신과 5욕欲을 헛되이 마음의 보물로 여기기 때문이다.

『발심수행장發心修行章』

무엇을 좌선坐禪이라 하는가?
이 법문에는 막힘도 없고 걸림도 없다. 밖으로는 온갖 경계에 있어도 망상이 일어나지 않는 것을 좌坐라 하고, 안으로 자신의 흔들리지 않는 본성을 보는 것을 선禪이라 한다.

돈황본 『육조단경六祖壇經』

문 | 무념無念을 근본으로 삼는다고 하셨는데, 무념이란 어떤 생각이 없는 겁니까?

답 | 무념이란 그릇된 생각이 없는 것이고, 바른 생각이 없는 게 아니다.

문 | 무엇이 그릇된 생각이고, 무엇이 바른 생각입니까?

답 | 유有를 생각하고 무無를 생각하는 게 그릇된 생각이고, 유무有無를 생각하지 않는 게 바른 생각이다. 선을 생각하고 악을 생각하는 게 그릇된 생각이고, 선악을 생각하지 않는 게 바른 생각이다. 마찬가지로 고락苦樂 · 생멸生滅 · 취사取捨 · 원친怨親 · 증애憎愛 등을 생각하는 게 그릇된 생각이고, 고락 등을 생각하지 않는 게 바른 생각이다.

『**돈오입도요문론**頓悟入道要門論』

四

문 | 망상이 자신의 마음을 가로막으면, 무엇으로 망상을 없앱니까?

답 | 망상이 일어나는 것도 망상을 없애려는 것도 또한 망상이다. 망상은 본디 뿌리가 없다. 단지 분별로 인해서 있는 것이니, 그대가 다만 '속되다', '성 스럽다'는 두 감정만 없애면 자연히 망상은 없어진다.

『전심법요傳心法要』

五

문 | 그렇다면 모든 중생이 어떻게 해야 진여眞如를 깨달을 수 있는가?

답 | 비록 모든 현상을 말한다고 해도 말할 수도 없고 말할 만한 것도 없으며, 생각한다고 해도 생각할 수도 없고 생각할 만한 것도 없다는 것을 안다면, 이를 진여에 따르는 것이라 한다. 생각을 떠나면 이를 깨달음이라 한다.

『대승기신론大乘起信論』

앙산仰山이 대중에게 말했다.

"자, 이제 분명히 말하겠다.

거룩한 일에도 마음을 두지 말고, 오직 자신의 성품 바다를 닦되 신비한 능력을 바라지 마라. 왜냐하면 이는 성인들의 자질구레한 일이기 때문이다. 지금 필요한 것은 마음을 알아채고 근본을 통달하는 것이니, 오직 그 근본을 얻어야지 지엽적인 일을 근심하지 마라.

그대는 보지 못했는가?

위산溈山 화상이 말하기를 '속되다거나 성스럽다는 감정이 없어지고, 있는 그대로의 모습이 나타나 본질과 현상이 둘 아닌 그것이 부처이다'라고 했다."

『**경덕전등록**景德傳燈錄』 **제11권** 「**앙산 혜적**仰山慧寂」

혜능慧能대사가 말했다.

"선지식들아, 나의 법문은 예로부터 모두 무념無念을 주된 요지로 하고, 무상無相을 본질로 하며, 무주無住를 근본으로 한다.

어떤 것을 무상이라 하는가?

무상이란 차별 속에 있으면서 차별을 떠난 것이다.

무념이란 생각 속에 있으면서 생각하지 않는 것이다.

무주란 사람의 본성이 찰나마다 얽매이지 않는 것이다. 앞 찰나와 지금의 찰나와 다음 찰나가 찰나마다 연속으로 이어져 단절되지 않는다. 만약 한 찰나에 단절되면 법신은 육신을 떠나게 된다. 찰나마다 어떤 생각이 일어나도 그 어디에도 얽매이지 않는다. 한 찰나라도 얽매이게 되면 모든 찰나에 얽매이게 되니, 이것을 속박이라 한다. 모든 것에서 어떤 찰나에도 얽매이지 않으면 속박이 없으니, 그래서 무주를 근본으로 삼는다. (…)

이 가르침의 문은 무념을 주된 요지로 한다. 세상 사람들은 견해를 떠나고 생각을 일으키지 않는다고 하나 생각이 전혀 없다면 무념도 세울 수 없다.

'무無'는 무엇이 없다는 것이고, '념念'은 무엇을 생각한다는 것인가?

'무'란 2가지 차별이 없고 번뇌에 시달리는 마음이 없다는 뜻이고, '념'이란 진여眞如라는 본성을 생각하는 것이다.

진여는 생각[念]의 본질이고, 생각은 진여의 작용이다. 진여라는 본성에서 생각을 일으켜 비록 보거나 듣거나 느끼거나 알더라도 온갖 경계에 물들지 않아 항상 자재하다."

돈황본 『육조단경』

황벽黃檗이 배휴裵休에게 말했다.

"모든 부처와 중생은 오직 일심一心이고, 전혀 다른 게 없다.

이 마음은 애당초 생긴 적도 없고 소멸한 적도 없다. 마음은 푸르거나 누렇지도 않고, 형상이나 모양도 없고, 있다거나 없다는 데 속하지도 않고, 새것이거나 헌것도 아니고, 길거나 짧지도 않고, 크거나 작지도 않고, 모든 한계와 이름과 말과 흔적과 대립을 벗어났다.

그저 이것일 뿐이니, 생각을 움직이면 곧 어긋난다. 마치 허공과 같아서 끝이 없으니 가늠할 수가 없다.

오직 이 일심이 부처이고, 부처와 중생은 전혀 다르지 않다.

다만 중생이 형상에 집착하여 밖에서 구하니, 구하면 구할수록 도리어 더욱 잃을 것이다. 부처가 부처를 찾고, 마음이 마음을 잡으려 하니, 아무리 오랜 세월이 지나도 끝내 얻을 수 없다. 그런데 중생은 생각을 쉬면 부처는 저절로 나타난다는 걸 모른다."

『전심법요』

두 견해에 얽매이지 말고
부디 애써 찾지 말지니
잠깐이라도 옳고 그름을 따지면
어지러이 뒤섞여 본마음을 잃는다.

둘은 하나로 말미암아 있으나
하나마저 지키지 말지니
한 마음이 일어나지 않으면
모든 현상에는 허물이 없다.

『신심명信心銘』

경술년(1550) 가을에 나는 금강산 향로봉에 있었다. 어느 날 묘향산에서 왔다는 한 수행승이 부처와 중생은 무엇이 다르고, 번뇌는 왜 일어나는지를 몹시 간절하게 묻기에 나는 다음과 같은 게송으로 답했다.

불성佛性을 보려면
마음이 바로 불성인 줄 알고
3도途(지옥·아귀·축생의 생존)를 벗어나려면
마음이 바로 3도인 줄 알라.

정진이 바로 석가모니釋迦牟尼
곧은 마음이 바로 아미타불阿彌陀佛
밝은 마음이 문수보살文殊菩薩
원만한 행위가 보현보살普賢菩薩
자비가 관세음보살觀世音菩薩
기쁨과 평온이 대세지보살大勢至菩薩이니라.

성내는 마음이 바로 지옥
탐욕이 바로 아귀
어리석은 마음이 축생
음욕과 살생 또한 그러하니라.

이어서 ▶▶▶

일어나는 마음이 천마天魔
일어나지 않는 것이 음마陰魔
일어나기도 하고 일어나지 않기도 하는
그것을 번뇌마煩惱魔라고 한다.
허나 우리의 바른 법法에는
본래 그런 것 없느니라.

그대가 그런 줄 알았거든
속히 금강의 칼을 잡고
한 생각 속으로 빛을 돌리면
온갖 것이 다 환상이리라.

환상 또한 병이 되니
모름지기 한 생각 놓아 버리라.
놓아 버리고 또 놓아 버리면
본래의 청정한 본성이 그대로 드러날 것이다.

『청허당집淸虛堂集』 제4권

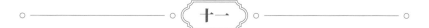

十一

마음이 없어 생각하거나 헤아리지 않으니
이는 출세간의 지혜이다.
주관과 객관을 버림으로써
문득 전의轉依를 증득한다.

『유식삼십론송唯識三十論頌』제29송

十二

한 생각도 일어나지 않는 곳에 이르니, 이게 본래면목本來面目*이다.

『원오불과선사어록圓悟佛果禪師語錄』제16권

●   본디부터 갖추고 있는 부처의 성품.

봄에는 백화百花, 가을에는 달,
여름에는 시원한 바람, 겨울에는 눈.
쓸데없는 일에 마음이 걸리지만 않으면
그야말로 인간 세상의 좋은 시절.

『무문관無門關』「평상시도平常是道」

여래는 분별을 떠났는데
사람들이 분별을 일으키니
분별로 혜안慧眼이 깨뜨려져
모두 여래를 보지 못한다.

『중론中論』제4권「관여래품觀如來品」

온갖 것 마음에서 일어나고
마음에서 멸하나니
마음에서 일어나는 것 외에 다른 것 없고
마음에서 멸하는 것도 이와 같다.

중생의 분별로
허망한 모습이 보이나
오직 마음일 뿐 실은 경계 없나니
분별을 떠나면 바로 해탈.

아주 먼 과거부터
분별과 온갖 망상 쌓고
악습에 물들어
허망한 경계를 일으키네. (…)

어리석은 자가 분별한
바깥 경계는 실로 있는 게 아닌데
습관적으로 어지럽고 흐린 마음이
바깥 경계가 있는 듯 잘못 보아 이리저리 떠도네.

『대승입능가경大乘入楞伽經』 제6권 「게송품偈頌品」

색色·성聲·향香·미味·촉觸·법法의 바탕은
모두 공하여
불꽃 같고 꿈 같고 신기루 같다.

이 6가지에 어찌 깨끗하다거나
더럽다가 있겠는가.
마치 허깨비 같고
거울 속의 모습 같다.

'깨끗하다'에 의존하지 않고는
'더럽다'가 없고
'깨끗하다'에 의존하여 '더럽다'가 있나니
그러므로 '더럽다'는 없다.

'더럽다'에 의존하지 않고는
'깨끗하다'가 없고
'더럽다'에 의존하여 '깨끗하다'가 있나니
그러므로 '깨끗하다'는 없다.

'깨끗하다'가 없다면
무엇으로 말미암아 탐욕이 있겠는가.
'더럽다'가 없다면
무엇으로 말미암아 분노가 있겠는가.

『중론』 제4권 「관전도품觀顚倒品」

유有는 무無에 의해 세워지고, 무는 유에 의해 드러난다. 본디 유를 세우지 않으면 무도 있지 않으니, 이미 무가 있지 않은데 어디서 유를 얻을 수 있겠는가. 유와 무가 서로 의지해 있으니, 이미 서로 의지해 있으면 다 생멸生滅이다. 다만 이 두 소견을 떠나면 바로 부처의 참모습을 보게 된다.

『돈오입도요문론』

도道에 이르는 데는 어려움 없나니
다만 분별을 꺼릴 뿐
미워하거나 사랑하지만〔憎愛〕 않으면
확 트여 명백하리라.

(이 뜻에) 털끝만큼이라도 어긋나면
하늘과 땅만큼 벌어지니
도가 눈앞에 나타나길 바라거든
따르거나 거스르지〔順逆〕 마라.

어긋남과 따름〔違順〕이 서로 다투는 건
마음의 병이니
(중도中道의) 깊고 묘한 뜻을 알지 못하고
부질없이 생각만 고요히 하려는구나.

(도는) 원만함이 허공과 같아서
모자람도 없고 남음도 없거늘
가지거나 버림〔取捨〕으로 말미암아
분별하도다.

이어서 ▶▶▶

유有의 인연도 따라가지 말고
공空의 진리에도 머물지 말지니
하나(중도)를 바르게 지니면
(두 변이) 저절로 없어지리라. (…)

꿈속의 허깨비와 허공의 꽃을
어찌 애써 잡으려 하는가.
얻음과 잃음, 옳음과 그름을
일시에 놓아 버리라.

잠에서 깨어나면
온갖 꿈 저절로 사라지고
마음이 차별하지 않으면
만법은 하나니라.

『신심명』

대사(마조馬祖)가 영묵靈黙에게 말했다.

"여기서 7백 리 가면 한 선사가 있으니 남악 석두라 한다. 네가 거기에 가면 반드시 소득이 있을 것이다."

영묵이 바로 하직하고 석두에 가까워지자 생각했다.

'만일 한마디에 서로 계합하면 머물겠지만 그렇지 않으면 바로 떠나야지.'

신발을 신은 채 방석을 들고 법당에 올라 예배하고 석두 앞에 섰다. 석두가 말했다.

"어디서 오는가?"

영묵은 아무 의미 없이 대답했다.

"강서에서 옵니다."

"공부는 어디서 했는가?"

영묵은 대답도 하지 않고 소매를 털고 나섰다. 막 문을 지나려 할 때 석두가 갑자기 불렀다. 영묵이 한 발은 밖에 있고 한 발은 안에 있는 채로 고개를 돌려 쳐다보았다. 석두가 바로 손을 펴서 손날을 세워 보이며 말했다.

"태어나서 죽을 때까지 '단지 이놈〔지저개한只這箇漢〕', 다시 머리 굴려 고민해서 무엇 하나."•

영묵은 활연히 대오하여 화상 곁에서 수년 동안 시봉했고, 오설五洩 화상이라 불렸다.

『조당집祖堂集』 제15권 「오설 화상五洩和尙」

•   한 발은 밖에 있고 한 발은 안에 있으니 안도 밖도 아니고, 손날을 세워 보이니 손바닥도 손등도 아니다. '단지 이놈'은 본래면목本來面目이라 할 수 있다. 이 본래면목은 머리 굴리는 이분법의 언어와 분별을 떠난 상태여서, 유有도 무無도 아니고, 이것도 저것도 아니다. 즉 그것은 이분법의 영역이 아니어서, '이다' 해도 어긋나고, '아니다' 해도 어긋난다.

여러 인연으로 일어나는 것을
나는 공空이라 한다.
이것은 가명假名이고
또 중도中道이다.

『중론』제24권「관4제품觀四諦品」

위대한 성자께서
온갖 견해에서 벗어나게 하기 위해
공空의 진리를 설하셨다.
그런데 다시 공이 있다는 견해를 갖는다면
어떤 붓다도 그를 교화하지 못한다.

『중론』제2권「관행품觀行品」

진흙소 2마리가 서로 싸우더니
울부짖으며 바다로 뛰어들었네.
과거 · 현재 · 미래에
아무리 찾아봐도 감감무소식이네.*

『**백운화상어록**白雲和尚語錄』 **하**

● 　 마음이 진흙으로 소 2마리(이분법의 생각)를 만들어 온갖 분별을 일삼다가 바다로 뛰어드니, 2마리 진흙
　 소가 녹아 버렸다. 이분법이 용해되어 버리니 유무有無가 사라졌다. 중도中道 이다.

이와 같이 두 법法이 있으니, 유위有爲와 무위無爲이다.
유위는 생生 · 주住 · 이異 · 멸滅이다.
무위는 불생不生 · 부주不住 · 불이不異 · 불멸不滅이다. 이것을 온갖 괴로운 의식
작용이 소멸된 열반涅槃이라 한다.

『**잡아함경**』 **제12권 293경**

유위有爲는 허망 분별이고, 무위無爲는 온갖 분별이 끊어진 무분별의 상태이다.

『중변분별론中邊分別論』 상

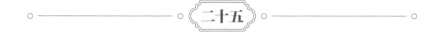

모든 유위법有爲法은

꿈 같고, 허깨비 같고, 물거품 같고,

그림자 같고, 이슬 같고, 번개 같기 때문이니,

이렇게 관찰해야 한다.

『금강경金剛經』 「응화비진분應化非眞分」

비구들아, 무엇이 무위無爲인가?

비구들아, 탐욕의 소멸, 분노의 소멸, 어리석음의 소멸, 이것이 무위이다.

『상윳타 니카야』 43 : 12 무위無爲

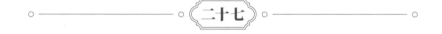

그때 문수사리보살文殊師利菩薩이 다시 붓다에게 여쭈었다.

"세존이시여, 무위無爲란 어떤 경계입니까?"

붓다께서 말씀하셨다.

"동자야, 무위란 분별을 떠난 경계이다."

『문수사리소설불사의불경계경文殊師利所說不思議佛境界經**』 상**

수보리須菩提가 붓다에게 여쭈었다.

"세존이시여, 이런 말씀을 듣고서 참되다는 믿음을 낼 중생이 혹 있겠습니까?"

붓다께서 수보리에게 말씀하셨다.

"그런 말 하지 마라. 여래가 입멸入滅한 후 500년 뒤에도 계율을 지키고 복을 짓는 자가 있어, 이 말에 신심信心을 내고 이것을 참되다고 할 것이다. 이 사람은 한 부처나 두 부처, 셋·넷·다섯 부처 곁에서만 선근善根을 심은 게 아니라 이미 한량없이 많은 부처의 처소에서 온갖 선근을 심었기 때문에 이 말을 듣고 한마음으로 청정한 믿음을 내리라는 것을 알아야 한다.

수보리야, 여래는 이 중생들이 한량없는 복덕을 받을 줄 다 알고 다 본다. 왜 그런가? 이 중생들에게는 자아라는 생각, 인간이라는 생각, 중생이라는 생각, 목숨이라는 생각이 없고, 진리라는 생각도 없고 진리가 아니라는 생각도 없기 때문이다. 왜냐하면 중생들이 마음에 생각을 갖게 되면, 자아와 인간과 중생과 목숨에 집착하는 것이 되기 때문이다. 왜 그런가? 진리라는 생각을 갖더라도 자아와 인간과 중생과 목숨에 집착하는 것이 되고, 진리가 아니라는 생각을 갖더라도 자아와 인간과 중생과 목숨에 집착하는 것이 되기 때문이다. 그러므로 진리에 집착해서도 안 되고, 진리가 아닌 것에 집착해서도 안 된다. 이런 뜻에서 여래가 항상 '너희들 비구는 내 설법이 뗏목 같은 줄 아는 자들이니, 진리도 버려야 하거늘 하물며 진리 아닌 것이야' 하였다."

『금강경』 제6 「정신희유분正信希有分」

선남자야, 생각은 분별하는 마음에서 일어나고, 다 6진塵에 의한 망상의 기운이어서 진실로 마음의 본체가 아니다. 이미 허공의 꽃과 같은데 이러한 생각으로 부처의 경계를 논하는 것은, 허공의 꽃이 허공에서 열매를 맺는 것과 같아서 망상만 더할 뿐이다.

『원각경』「금강장보살장金剛藏菩薩章」

공空이란 원래 온갖 번뇌와 함께하지 않기 때문에 모든 현상의 차별을 떠난 상태이다. 허망한 마음의 생각이 없기 때문이다.

『대승기신론』

그때 세존께서 여러 비구에게 말씀하셨다.

"이제 결박되는 것과 결박하는 것에 대해 말하겠다.

어떤 것이 결박되는 것인가?

안眼과 색色, 이耳와 성聲, 비鼻와 향香, 설舌과 미味, 신身과 촉觸, 의意와 법法*이니, 이것을 결박되는 것이라 한다.

어떤 것이 결박하는 것인가?

탐욕이니, 이것을 결박하는 것이라 한다."

『잡아함경』 제9권 239경

●　　　이것은 대상을 보고, 듣고, 맡고, 맛보고, 감촉하고, 의식하면서 분별하여 번뇌와 탐욕과 집착에 물들어 있는 의식 작용으로, 12처處라고 한다.

온갖 생각을 다 태워 버리고
마음을 잘 정돈한 수행자는
이 세상도 저 세상도 다 버린다.
마치 뱀이 묵은 허물을 벗어 버리듯이.

『숫타니파타』 제1경

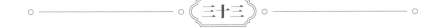

전생에서 벗어나고 후생에서도 벗어나고
현생에서도 벗어나면 피안에 이른다.
모든 생각이 멸하면
다시는 늙고 죽는 일 없으리라.

『법구경』 「도행품道行品」

깨닫고자 하면 점점 멀어지고
편안하려 하면 더욱 불안해지니
편안을 잊어야 편안하고
깨달음을 잊어야 깨닫게 되나니
이 도리는 원래 복잡하지 않네.

『원감국사가송圓鑑國師歌頌』

三十五

마음에 어떠한 분별도 없고
속을 맑게 비우고 살아가며
이것과 저것에 모두 적멸寂滅한 사람
그를 성자라 한다.

『법구경』「봉지품奉持品」

더 닦을 게 없어 그냥 한가한 도인道人은
망상도 없애지 않고 진실도 구하지 않나니

무명無明의 참 성품이 바로 불성佛性이요
허깨비 같은 빈 몸이 바로 진리 그 자체

그 진리를 깨달으면 하나의 그 무엇도 없나니
근원의 자성이 천진불天眞佛이로다.

5온蘊의 뜬구름은 부질없이 오가고
탐욕과 분노와 어리석음의 물거품은 헛되이 출몰하는데

있는 그대로의 참모습을 증득하여 주관과 객관이 없어지니
찰나에 아비지옥阿鼻地獄의 업보가 소멸하도다.

『증도가證道歌』

五章

삶의 행로

처음 쓰는 대장경

모든 중생에게는 피할 수 없는 7가지가 있다.
하나는 태어남이고, 둘은 늙음이고, 셋은 병듦이고, 넷은 죽음이고, 다섯은 죄이고, 여섯은 복이고, 일곱은 인연이다.
이 7가지는 아무리 피하려 해도 피할 수 없다.

『법구비유경』 제2권 「악행품惡行品」

얼마나 태어났고 얼마나 죽었던가.
태어남과 죽음은 길고 길어 그침이 없는데
단박에 깨쳐 태어남이 없음〔無生〕을 확연히 알았으니
온갖 영욕에 어찌 근심하고 기뻐하랴.

『증도가』

번뇌를 끊으려면 병을 더하고
청정한 본성으로 나아가는 것 또한 그릇되네.
세상 인연 따라가며 걸림 없으면
열반涅槃이니 생사니 다 허공의 꽃일세.

『대혜보각선사어록大慧普覺禪師語錄』 제21권

한평생 구름 따라 떠돌며
만사에 무심해 편한 대로 맡겼노라.
청산에 내 땅 아닌 곳 어디리오.
오늘도 지팡이 짚고 인연 따라가네.

『부휴당대사집浮休堂大師集』 제4권 「증경륜선자贈敬倫禪子」

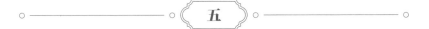

거짓말하는 것을 부끄러워하지 않는 사람은 짓지 못할 악이 없다.

그러므로 라훌라야, 장난으로도 거짓말을 하지 마라.

『맛지마 니카야』 61 「암발랏티카에서 라훌라를 가르친 경」

사람이 태어날 때 입에 도끼가 생겨나

어리석은 이는

나쁜 말을 내뱉어

그것으로 자신을 찍는다.

『상윳타 니카야』 6 : 9 「투두 범천」

예나 지금이나
사람들이 서로 비난하네.
말이 많다고 비난하고
또 말이 적다고 비난하고
알맞게 말해도 비난하니
세상에서 비난 받지 않는 사람 없네.

『**법구경**』「**분노품**憤怒品」

"라홀라야, 거울은 무엇을 위해 있느냐?"

"세존이시여, 비추어 보기 위해 있습니다."

"라홀라야, 거듭 비추어 본 뒤에 행동하고, 거듭 비추어 본 뒤에 말하고, 거듭 비추어 본 뒤에 생각하라."

『**맛지마 니카야**』 61 「**암발랏티카에서 라훌라를 가르친 경**」

붓다께서 말씀하셨다.

"사람에게는 20가지 어려움이 있다.

가난하면 보시하기 어렵고, 부유하면 도를 배우기 어렵고, 목숨을 버려 죽기 어렵고, 부처님의 경전을 보기 어렵고, 살아서 부처님의 세상을 만나기 어렵고, 성욕과 욕심을 참기 어렵고, 좋은 것을 보고 탐내지 않기 어렵고, 모욕을 당하고서 화내지 않기 어렵고, 세력이 있는데 그것을 쓰지 않기 어렵고, 일에 부딪쳐 무심하기 어렵고, 널리 배워 깊이 연구하기 어렵고, 아만을 버리기 어렵고, 배우지 못한 사람을 가볍게 여기지 않기 어렵고, 평등한 마음을 내기 어렵고, 잘잘못을 말하지 않기 어렵고, 선지식을 만나기 어렵고, 도를 배워서 견성하기 어렵고, 사람을 가르쳐서 구제하기 어렵고, 대상을 보고 마음이 동요되지 않기 어렵고, 방편을 잘 알기 어렵다."

『42장경』

비구들아, 욕심이 많은 사람은 이익을 구하는 게 많으므로 고뇌도 많다는 것을 알아야 한다. 그러나 욕심이 적은 사람은 구하는 것도 없고 바라는 것도 없으므로 근심·걱정이 없다. 욕심을 줄이기 위해 거듭 수행해야 하고, 욕심이 적으면 온갖 공덕이 생긴다.

욕심이 적은 사람은 남의 뜻을 구하기 위해 아첨할 일이 없고, 감각 기관에 끌려가지 않는다. 욕심이 적은 사람은 마음이 평온하여 근심과 두려움이 없고, 부딪히는 일마다 여유가 있어 항상 부족함이 없다. (…)

비구들아, 온갖 고뇌에서 벗어나려면 만족할 줄 알아야 한다. 만족할 줄 아는 사람은 어디서나 넉넉하고 즐겁고 평온하다. 만족할 줄 아는 사람은 맨땅에 누워 있어도 편안하고 즐겁지만, 만족할 줄 모르는 사람은 천당에 있어도 뜻에 맞지 않다고 불평한다. 만족할 줄 모르는 사람은 가진 게 많아도 가난하고, 만족할 줄 아는 사람은 가진 게 없어도 부유하다. (…)

비구들아, 지혜로운 사람은 탐욕과 집착이 없다. 늘 스스로 성찰해서 지혜를 잃지 않아야 한다. 이것이 나의 가르침 가운데 해탈로 가는 지름길이다. 그렇지 못한 자는 출가자도 아니고 속인도 아니라서 무어라고 말할 수 없다. 진실한 지혜는 늙고 병들고 죽는 고통의 바다를 건너게 하는 견고한 배이고, 무명無明의 어둠을 밝히는 등불이다. 병든 자에게는 좋은 약이고, 번뇌의 나무를 잘라 버리는 날카로운 도끼다. 그러니 너희들은 반드시 듣고〔聞〕, 사유하고〔思〕, 닦은〔修〕 지혜로 자신을 잘 길러야 한다. 지혜의 빛이 있으면 육안으로도 밝게 볼 수 있다.

『불유교경佛遺教經』

애욕에서 번뇌가 생기고
애욕에서 두려움이 생기나니
애욕을 버리면 해탈하여
두려움도 번뇌도 없어지리라.

『법집요송경法集要頌經』 제1권 「애욕품愛欲品」

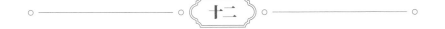

마음속의 애욕을 버린 이를 수행자라 하고, 세속의 일에 연연하지 않는 것을
출가라 한다.

『발심수행장』

十三

선남자야, 모든 중생이 아득한 옛적부터 갖가지 애욕과 탐욕 때문에 윤회하게 되었다. 모든 세계의 온갖 부류의 중생들, 알에서 깨어난 것이나 어미 배 속에서 태어난 것이나 습한 데서 생긴 것이나 스스로 생긴 것이나 다 음욕으로 인해 목숨을 받았으니, 애욕이 윤회의 근본인 줄 알아야 한다.

『원각경』「미륵보살장彌勒菩薩章」

十四

사귐이 깊어지면 애착이 생기고
애착이 있으면 고통의 그림자가 따르나니
애착에서 근심이 생기는 줄 알고
무소의 뿔처럼 혼자서 가라.

『숫타니파타』 제3경

어느 때 세존께서 실라벌성 서다림급고독원에 계셨다. 그때 세존께서 대중 가운데서 승광왕勝光王에게 말씀하셨다.

"대왕이여, 나는 지금 대왕을 위해 간단한 비유로써 생사의 맛과 집착과 허물과 근심을 말하려고 하니, 왕은 잘 듣고 기억하십시오.

한량없는 겁劫 이전에 어떤 사람이 광야를 가다가 사나운 코끼리에게 쫓겨 떨면서 달아나다가 우물과 그 옆에 있는 나무뿌리를 보았소. 그는 재빨리 나무뿌리를 잡고 우물 속으로 내려가 몸을 숨겼소.

그런데 그때 검은 쥐와 흰 쥐가 번갈아 나무뿌리를 갉고 있었고, 우물의 4면에는 4마리 독사가 그를 물려 하였고, 우물 밑에는 독룡毒龍이 있었소. 그는 독룡과 독사가 무서웠고 나무뿌리가 끊어질까 두려웠소. 그런데 나무뿌리에 있는 벌집에서 꿀이 5방울씩 입에 떨어지고, 나무가 흔들리자 벌이 흩어졌다가 내려와 그를 쏘았고, 들판에는 불이 일어나 그 나무를 태우고 있었소."

왕이 말했다.

"그 사람은 어찌하여 한량없는 고통을 받으면서 그 하찮은 맛을 탐했습니까?"

그때 세존께서 말씀하셨다.

"대왕이여, 광야란 끝없는 무지無知의 긴 밤에 비유한 것이요, 그 사람은 중생에 비유한 것이요, 코끼리는 무상無常에 비유한 것이요, 우물은 생사에 비유한 것이요, 험한 언덕의 나무뿌리는 목숨에 비유한 것이요, 검은 쥐와 흰 쥐는 밤과 낮에 비유한 것이요, 나무뿌리를 갉는 것은 순간순간 목숨이 소멸해가는 데 비유한 것이요, 4마리 독사는 4대大에 비유한 것이요, 꿀은 5욕欲에 비유한 것이요, 벌은 그릇된 생각에 비유한 것이요, 불은 늙음과 병에 비유한 것이요,

이어서 ▶▶▶

158

독룡은 죽음에 비유한 것입니다.

그러므로 대왕은 알아야 하오. 생로병사는 참으로 두려워해야 할 것이니, 항상 그것을 명심하고 5욕에 사로잡히지 말아야 하오."

『비유경譬喩經』

묶이지 않은 사슴이
숲속에서 먹이를 찾아 이리저리 다니듯이
지혜로운 이는 자유로운 삶을 찾아
무소의 뿔처럼 혼자서 가라.

어느 곳이든 가고 싶은 대로 가라.
남을 해치려는 마음을 갖지 말고
무엇을 얻든 그것으로 만족하라.
온갖 고난을 이겨 두려움 없이
무소의 뿔처럼 혼자서 가라.

큰 소리에도 놀라지 않는 사자처럼
그물에 걸리지 않는 바람처럼
물에 젖지 않는 연꽃처럼
무소의 뿔처럼 혼자서 가라.

자비와 기쁨과 평등과 해탈을
때때로 익히고
이 세상을 아주 등지는 일 없이
무소의 뿔처럼 혼자서 가라.

『숫타니파타』 제3경

그때 천자天子가 게송으로 붓다에게 여쭈었다.

한적한 곳에 머물면서
청정한 수행을 하는 비구는
하루 한 끼만 먹는데도
어찌 얼굴빛이 그리도 환합니까?

붓다께서 게송으로 대답하셨다.

과거의 일을 근심하지 않고
미래를 기대하지 않고
현재의 일에 따라
바른 지혜로 알아차리기를 확립하고
먹을 때도 알아차리기 때문에
얼굴빛이 항상 산뜻하다네.

미래로 마음이 달려가 생각하고
과거를 돌아보고 근심하고 뉘우치며
어리석음의 불로 자신을 태우는 건
마치 우박이 풀을 쓰러뜨리는 것과 같으리.

『잡아함경』 제36권 995경

164

과거의 일은 이미 지나가 버렸으니 생각하지 않으면 과거의 마음이 저절로 끊어져 과거의 일이 없다 하고, 미래의 일은 아직 오지 않았으니 원하지도 않고 구하지도 않으면 미래의 마음이 저절로 끊어져 미래의 일이 없다 하고, 현재의 일은 이미 현재이니 온갖 일에 집착할 게 없는 줄 알 뿐이다. 집착하지 않는다는 건 미워하거나 사랑하는 마음을 일으키지 않는 것이다. 집착하지 않으면 현재의 마음이 저절로 끊어져 현재의 일이 없다고 한다.

과거 · 현재 · 미래를 거두어들이지 않으니, 또한 과거 · 현재 · 미래가 없다고 한다.

『돈오입도요문론』

十九

과거의 마음도 알 수 없고, 현재의 마음도 알 수 없고, 미래의 마음도 알 수 없다.

『금강경』 제18 「일체동관분一體同觀分」

二十

과거의 마음을 알 수 없다는 것은 과거를 버린 것이고, 현재의 마음을 알 수 없다는 것은 현재를 버린 것이고, 미래의 마음을 알 수 없다는 것은 미래를 버린 것이니, 이것은 이른바 3세世를 다 버린 것이다.

『전심법요』

훤하고 깨끗한 눈으로 한 물건을 응시하면서 밤낮으로 마음을 가다듬어 움직이지 않는 것을 수일불이守一不移라 한다.

그 마음이 흩어지려 할 때는 곧바로 가다듬기를, 마치 끈으로 새의 발을 묶어 놓고 새가 날아가려 하면 끈을 당기듯이 해서 온종일 지켜보기를 그치지 않는다면, 모든 것이 사라져 저절로 마음이 안정될 것이다.

『능가사자기楞伽師資記』「도신道信」

그때 세존께서 여러 비구에게 말씀하셨다.

"옛날에 어떤 광대가 어깨 위에 깃대를 세우고 제자에게 말했다.

'너는 깃대에 올라가 아래에 있는 나를 보호하라. 나 또한 너를 보호할 것이다. 이렇게 서로 보호하면서 여러 곳에서 재주를 부리면 많은 재물을 벌 것이다.'

그때 제자가 말했다.

'그렇게 하지 말고, 각자 자기를 소중히 보호하면 아무런 사고 없이 땅에 내려올 수 있을 겁니다.'

그러자 스승이 말했다.

'너의 말대로 각자 자기를 소중히 보호하자. 그런데 그 이치는 내가 말한 것과 마찬가지다. 자기를 보호할 때 그것은 곧 남을 보호하는 것이고, 남을 보호할 때 그것 또한 자기를 보호하는 것이다. 마음으로 서로 친근하고 서로 닦아 익히고 보호해서 숙련되면, 이것을 자기를 보호하고 남을 보호하는 것이라 한다. 어떻게 남을 보호하고 자기를 보호하는가?

남을 두려워하지 않고 남과 등지지 않으며 남을 해치지 않고 인자한 마음으로 남을 가엾이 여기면, 이것을 남을 보호하고 자기를 보호하는 것이라 한다.'"

『잡아함경』 제24권 619경

붓다께서 사위국 승림급고독원에서 여러 비구에게 말씀하셨다.

"만약 고의로 업을 짓는다면 현세에 그 과보를 받을 수도 있고, 후세에 받을 수도 있다. 그러나 고의로 지은 업이 아니라면, 과보를 받지 않을 수도 있다. 업에는 몸으로 짓는 3가지가 있고, 입으로 짓는 4가지가 있고, 마음으로 짓는 3가지가 있다. 이것들은 다 선하지 않아 괴로움의 과보를 받는다.

무엇이 몸으로 짓는 3가지 업인가?

하나는 산목숨을 죽이는 것이고, 둘은 남이 주지 않는 것을 가지는 것이고, 셋은 음란한 짓을 하는 것이다.

무엇이 입으로 짓는 4가지 업인가?

하나는 거짓말하는 것이고, 둘은 이간질하는 것이고, 셋은 남을 괴롭히는 나쁜 말을 하는 것이고, 넷은 교묘하게 꾸민 말을 하는 것이다.

무엇이 마음으로 짓는 3가지 업인가?

하나는 탐욕을 부리는 것이고, 둘은 시기하고 성내는 것이며, 셋은 그릇된 견해이다.

배운 게 많은 거룩한 제자는 몸으로 짓는 선하지 않은 업을 버리고 몸으로 선한 업을 닦고, 입과 뜻으로 짓는 선하지 않은 업을 버리고 입과 뜻으로 선한 업을 닦는다."

『중아함경』 제3권 「사경思經」

이 세상 모든 것에 해를 끼치지 않으면
죽을 때까지 해를 입지 않는다.
항상 모든 것을 자애롭게 대하니
누가 원망을 품겠는가.

『법구경』「도장품刀杖品」

복을 받아야 할 사람이 불행을 당하는 것은
선행의 열매가 무르익지 않았기 때문이니
그 선행의 열매가 무르익으면
반드시 복을 받으리라.

『법구경』「악행품惡行品」

붓다께서 여러 비구에게 말씀하셨다.

"비구들아, 어리석고 배운 게 없는 범부들은 몸의 접촉으로 여러 느낌이 일어나 고통이 증가하고 목숨을 잃을 지경이 되면, 근심·걱정에 사로잡혀 원망하고 울부짖으며 마음이 미친 듯 날뛴다. 그때 2가지 느낌이 점점 심해지나니, 몸의 느낌[身受]과 마음의 느낌[心受]이다.

비유하면 젊은 사내가 몸에 2개의 독화살을 맞고 지극히 고통스러워하는 것과 같다. 어리석고 배운 게 없는 범부도 그와 같아서 2가지 느낌, 즉 몸의 느낌과 마음의 느낌이 점점 심해져 지극히 고통스러워한다. (…)

배운 게 많은 거룩한 제자는 몸의 접촉으로 괴롭다는 느낌이 일어나 큰 고통이 닥쳐와 목숨을 잃을 지경이 되더라도 근심과 슬픔에 사로잡혀 원망하거나 울부짖거나 마음이 혼란스러워 발광하지 않는다. 그런 때에는 오직 하나의 느낌만 일어나나니, 몸의 느낌[身受]만 일어나고 마음의 느낌[心受]은 일어나지 않는다.

비유하면 젊은 사내가 하나의 독화살을 맞고 두 번째 독화살은 맞지 않는 것처럼, 그런 때에는 오직 하나의 느낌만 일어나나니, 몸의 느낌만 일어나고 마음의 느낌은 일어나지 않는다."

『잡아함경』 제17권 470경

178

붓다께서 말씀하셨다.

"어떤 사람이 내가 도道를 지키고 큰 자비를 행한다는 말을 듣고는 일부러 찾아와서 나에게 욕했다. 내가 묵묵히 상대하지 않으니, 그는 욕하기를 그쳤다. 그에게 물었다.

'그대가 어떤 사람에게 선물을 했는데 그 사람이 받지 않는다면, 그 선물을 그대가 도로 가지고 가야 하지 않겠는가?'

'가지고 돌아가야지요.'

내가 말했다.

'지금 그대가 나에게 욕했는데 내가 받지 않았으니, 그대는 욕한 허물을 가지고 돌아가게 되었다. 그것은 마치 메아리가 소리를 따르고 그림자가 형체를 따르는 것과 같으니 부디 악을 행하지 마라.'"

『42장경』

붓다께서 왕사성 죽림정사에 있을 때, 한 바라문이 몹시 화가 나서 찾아왔다. 그의 친구가 붓다에게 출가했기 때문이었다. 붓다는 그가 심하게 욕하는 것을 묵묵히 듣고 있다가 조금 조용해지자 말씀하셨다.

"바라문아, 그대는 집에 손님이 오면 좋은 음식을 대접할 것이다."

"물론 그렇다."

"바라문아, 만약 그때 손님이 그 음식을 받지 않는다면 그것은 누구의 것이 되겠느냐?"

"그것은 다시 내 것이 될 수밖에 없지 않은가."

"바라문아, 그대는 내 앞에서 온갖 악한 말을 했지만 나는 그것을 받지 않았다. 그래서 그것은 다시 그대의 것이 될 수밖에 없다.

바라문아, 만약 내가 욕설을 듣고 되받아 욕한다면, 그것은 주인과 손님이 함께 식사하는 것이 된다. 그러나 나는 그 음식을 먹지 않았다."

『상윳타 니카야』 7 : 2 「욕설辱說」

어느 때 세존께서 사위성에서 걸식하여 식사하고 나서 기원정사를 산책하다가 라훌라에게 가서 말씀하셨다.

"너는 반드시 들숨 날숨에 집중하는 수행을 하라. 그것을 닦으면 온갖 근심·걱정이 사라질 것이다.

또 육신은 깨끗하지 못하다는 부정관不淨觀을 닦으라. 그러면 탐욕이 소멸될 것이다.

라훌라야, 살아 있는 것들이 다 행복하기를 바라는 마음〔慈心〕을 닦으라. 그러면 분노가 소멸될 것이다.

살아 있는 것들이 다 고뇌에서 벗어나기를 바라는 마음〔悲心〕을 닦으라. 그러면 남을 해치려는 마음이 소멸될 것이다.

남이 즐거워하면 함께 기뻐하는 마음〔喜心〕을 닦으라. 그러면 미워하는 마음이 소멸될 것이다.

남을 평온하게 대하는 마음〔捨心〕을 닦으라. 그러면 교만한 마음이 소멸될 것이다."

『증일아함경』 제7권 「안반품安般品」 제17

붓다께서 말씀하셨다.

"라훌라야, 자慈에 대해 명상하라. 이것으로 분노가 사라진다.

비悲에 대해 명상하라. 이것으로 남을 해치려는 마음이 사라진다.

희喜에 대해 명상하라. 이것으로 미워하는 마음이 사라진다.

사捨에 대해 명상하라. 이것으로 마음의 흔들림이 사라진다.

부정不淨에 대해 명상하라. 이것으로 탐욕이 사라진다.

무상無常에 대해 명상하라. 이것으로 아만我慢이 사라진다."

『맛지마 니카야』 62 「라훌라를 가르친 큰 경」

세존께서 말씀하셨다.

"아난阿難아, 내가 이전에 너에게 4무량無量을 설했다.

비구는 살아 있는 것들이 다 행복하기를 바라는 마음을 4방方 · 4유維 · 상하上下에 가득 채운다. 그 마음과 함께하면 번뇌도 없고 원한도 없고 분노도 없고 다툼도 없나니, 지극히 광대하고 한량없이 잘 닦아 모든 세간을 가득 채우고 지낸다.

이와 같이 살아 있는 것들이 다 고뇌에서 벗어나기를 바라는 마음과 남이 즐거워하면 함께 기뻐하는 마음과 남을 평온하게 대하는 마음도 그러하여, 번뇌도 없고 원한도 없고 분노도 없고 다툼도 없나니, 지극히 광대하고 한량없이 잘 닦아 모든 세간을 가득 채우고 지낸다.

아난아, 너는 젊은 비구들에게 이 4무량을 설하여 그들을 가르쳐야 한다. 만약 젊은 비구들에게 이 4무량을 설하여 가르치면, 그들은 평온을 얻고 힘을 얻고 즐거움을 얻어, 번뇌의 열기로 뜨거워지지 않고 일생 동안 청정한 행行을 닦을 것이다."

『중아함경』 제21권 「장수왕품長壽王品」 설처경說處經

三十二

눈에 보이는 것이나 보이지 않는 것이나
멀리 살고 있는 것이나 가까이 살고 있는 것이나
이미 태어난 것이나 앞으로 태어날 것이나
살아 있는 것들은 다 행복하라.

어머니가 외아들을 목숨 바쳐 보호하듯
살아 있는 모든 것들에게
한없는 자비심을 일으키라.

서 있거나 걸어가거나 앉아 있거나 누워 있거나
잠자지 않는 동안에는
자비심을 굳게 지니라.
이것이야말로 참으로 청정한 삶이다.

『숫타니파타』 제8경

선남자야, 보살의 4무량심無量心은 진실한 사유이다.

선남자야, 어찌하여 진실한 사유라고 하는가? 모든 번뇌를 끊어 버리기 때문이다.

선남자야, 살아 있는 것들이 다 행복하기를 바라는 마음을 닦는 자는 탐욕이 끊어진다.

살아 있는 것들이 다 고뇌에서 벗어나기를 바라는 마음을 닦는 자는 성냄이 끊어진다. 남이 즐거워하면 함께 기뻐하는 마음을 닦는 자는 즐겁지 않음이 끊어진다. 남을 평온하게 대하는 마음을 닦는 자는 탐욕과 성냄과 중생이라는 생각이 끊어진다. 그래서 진실한 사유라고 한다.

선남자야, 보살마하살菩薩摩訶薩의 4무량심은 모든 선근善根의 근본이다.

36권 『대반열반경大般涅槃經』 제14권 「범행품梵行品」

세존께서 비구들에게 말씀하셨다.

"이 세상에는 섬기고 공경할 만한 일곱 부류의 사람이 있으니, 이들은 최상의 복덕이다.

하나는 살아 있는 것들이 다 행복하기를 바라는 사람, 둘은 살아 있는 것들이 다 고뇌에서 벗어나기를 바라는 사람, 셋은 남이 즐거워하면 함께 기뻐하는 사람, 넷은 남을 평온하게 대하는 사람, 다섯은 차별하지 않는 사람, 여섯은 부질없는 생각을 하지 않는 사람, 일곱은 바라는 게 없는 사람이다.

이들은 섬기고 공경할 만한 일곱 부류의 사람으로서 최상의 복덕이다. 왜냐하면 이 7가지를 행하는 중생은 현세에서 그 과보를 받기 때문이다."

『증일아함경』 제34권 4경

어느 때 붓다께서 여러 비구에게 말씀하셨다.

"너희들은 가엾이 여기는 마음과 자비로운 마음을 내야 한다.

만약 어떤 사람이 너희들의 말을 듣고 즐겁게 받아들이거든 그들을 위해 4가지 견고하고 청정한 믿음을 설하여 그들이 거기에 들어가 머물도록 하라.

어떤 것이 4가지인가?

불佛에 대한 견고하고 청정한 믿음과 법法에 대한 견고하고 청정한 믿음과 승僧에 대한 견고하고 청정한 믿음과 거룩한 계戒를 성취하는 것이다. 왜냐하면 지地·수水·화火·풍風의 4대大는 변화와 증감이 있지만, 이 4가지 견고하고 청정한 믿음은 증감과 변화가 없기 때문이다.

증감과 변화가 없다는 것은, 가르침을 많이 들은 성자의 제자가 불에 대한 견고하고 청정한 믿음을 성취하고도 지옥이나 축생이나 아귀에 떨어지는 일은 없다는 말이다.

그러므로 비구들아, 다짐하기를 '나는 반드시 불에 대한 견고하고 청정한 믿음과 법과 승에 대한 견고하고 청정한 믿음을 성취하고 거룩한 계를 성취할 것이며, 다른 사람도 반드시 그 원을 세우고 성취하게 하리라'고 해야 한다."

『잡아함경』제30권 836경

간략히 말해 신심信心에 4가지가 있다.

무엇이 4가지인가?

하나는 근본을 믿는 것이니, 이른바 진여眞如를 믿고 즐겨 생각하는 것이다.

둘은 부처님에게 한량없는 공덕이 있다고 믿는 것이니, 항상 부처님을 생각하고 가까이하여 공양하고 공경하며 선근善根을 일으켜 일체지一切智를 구하는 것이다.

셋은 부처님의 가르침에 큰 이익이 있다고 믿는 것이니, 항상 가르침을 생각하고 모든 바라밀波羅蜜을 수행하는 것이다.

넷은 승려가 바르게 수행해서 자리이타自利利他를 할 수 있다고 믿는 것이니, 항상 즐겁게 모든 보살을 가까이하여 올바른 수행을 배우는 것이다.

『대승기신론』

비구들아, 죽음을 면하려거든 4가지 근본 진리를 사유하라. 어떤 것이 4가지
인가?

모든 마음 작용은 '무상無常'하다. 이것이 첫 번째 근본 진리이니, 사유하고 수행
하라.

모든 마음 작용은 '고품'이다. 이것이 두 번째 근본 진리이니, 다 함께 사유하라.

모든 존재는 '무아無我'이다. 이것이 세 번째 근본 진리이니, 다 함께 사유하라.

모든 번뇌의 소멸이 '열반涅槃'이다. 이것이 네 번째 근본 진리이니, 다 함께 사
유하라.

비구들아, 이 4가지 근본 진리를 사유하라. 왜냐하면 그것으로 태어남 · 늙음
· 병듦 · 죽음 · 근심 · 슬픔 · 번뇌 등의 괴로움에서 벗어날 수 있기 때문이다.

『증일아함경』 제23권 「증상품增上品」 4경

六章

마음 닦는 길

처음 쓰는 대장경

마음 마음 마음이여,

참으로 알 수 없구나.

너그러울 때는 온 천지를 다 받아들이다가도

옹졸할 때는 바늘 꽂을 데도 없구나.

『소실육문少室六門』「안심법문安心法門」

마음은 미세하여 보기 어려운 것

욕망에 따라 움직인다.

지혜로운 사람은 항상 자신을 보호하나니

마음을 잘 지키면 편안해진다.

『법구경』「심의품心意品」

내 가르침에서
마음을 지키고 단속하면
괴로움의 근본이 소멸되어
나고 늙고 죽는 괴로움 없어지리라.

『장아함경長阿含經』 제3권 「유행경遊行經」

달마達磨는 벽관으로 사람들에게 안심安心을 가르쳤다. 밖으로 온갖 인연을 쉬고 안으로 헐떡임이 없어서 마음이 장벽 같아야 비로소 도道에 들 수 있다.

『선원제전집도서禪源諸詮集都序』 상2

남이 해롭게 하더라도 마음을 단속하여 성내거나 원망하지 마라. 한번 성내는 마음을 일으키면 백만 가지 장애의 문이 생긴다.

한번 마음의 계율을 깨뜨리면 온갖 허물이 함께 일어난다.

『선가귀감禪家龜鑑』

마음을 지키고 단속하는 것은 열반涅槃의 근본이고, 도道에 들어가는 요긴한 문이다. 모든 경의 본질이고, 모든 부처의 근원이다.

본심本心이 바로 부처임을 너희들이 스스로 알게 되기를 바란다. 수많은 경론의 가르침은 본래 청정한 마음을 지키는 데 지나지 않는다. 이게 요점이다.

『**최상승론**最上乘論』

마음은 화가와 같아
온갖 세간을 다 그려 내네.
5온蘊도 여기에서 생겨난 것이니
지어 내지 못하는 게 없네.

마음과 같이 부처도 그러하고
부처와 같이 중생도 그러하니
부처와 마음의 성품
한량없음을 알아야 하리.

온갖 세간을 두루 지어 내는
마음 작용을 아는 이 있다면
그 사람은 바로 부처를 보아
부처의 참된 성품 꿰뚫게 되리.

마음은 몸에 머물지 않고
몸도 마음에 머물지 않으나
온갖 불사佛事를 지을 수 있나니
그 자재함은 가늠할 수 없네.

과거 · 현재 · 미래의 모든 부처를
분명히 알고자 한다면
법계의 성품을 관찰할지니
모든 것은 마음이 지어 내었네.

80권 『화엄경 華嚴經』 제20권 「야마궁중게찬품 夜摩宮中偈讚品」

마음이 일어나니 온갖 현상이 생기고, 마음이 없어지니 온갖 현상이 없어진다.
한 마음이 일어나지 않으면 온갖 현상에 허물이 없다.

『**임제록**臨濟錄』

4대人를 임시로 빌려 몸으로 삼고
마음은 본래 생기지 않으나 대상으로 인해 있게 되네.
앞의 대상이 없다면 마음도 없고
죄와 복도 허깨비처럼 일어나고 소멸하네.

『**경덕전등록**』 제1권 「7불佛」

3계界는 허망하고 거짓이며 오직 마음이 지은 것이니, 마음을 떠나면 색色 · 성聲 · 향香 · 미味 · 촉觸 · 법法의 대상도 없어진다. 이게 무슨 뜻인가?

모든 현상은 다 마음에서 일어난 것이고 헛된 생각으로 생긴 것이기 때문이다. 온갖 분별은 곧 자신의 마음이 분별하는 것이다. 그런데 마음은 마음을 볼 수 없으니, 인식 대상이 될 수 없다. 세간의 모든 대상은 다 중생의 무명無明과 헛된 생각에 의해 존재함을 알아야 한다. 그래서 모든 현상은 거울 속의 형상과 같아서 실체가 없고, 오직 마음이 만들어 낸 허상일 뿐이다. 마음이 생기면 온갖 현상이 생기고, 마음이 소멸하면 온갖 현상이 소멸하기 때문이다.

『대승기신론』

十一

3계界가 마음에 의지해 있고
12인연도 그러함을 확실히 알고
생사가 다 마음이 지은 것이니
마음이 소멸하면 생사도 없네.

80권 『화엄경』 제37권 「10지품地品」

十二

나한羅漢이 법안法眼에게 물었다.
"일체가 오직 마음이라 하는데, 저 뜰아래에 있는 돌은 마음 안에 있는가, 마음 밖에 있는가?"
"마음 안에 있습니다."
"돌아다니는 사람이 왜 무거운 돌을 가지고 다니는가?"

『금릉청량원문익선사어록金陵清涼院文益禪師語錄』

문 | 만약 마음이 소멸하면 어떻게 그 작용이 계속 이어지는가? 계속 이어진
다면 어떻게 소멸이라 할 수 있는가?

답 | 소멸한다는 것은 단지 마음의 그릇된 작용이 소멸하는 것이지, 마음 자체
가 소멸하는 게 아니다. 마치 바람이 물에 의지하여 물결을 일으키는 것
과 같다. 만약 물이 소멸하면 물결이 의지할 데가 없어 단절되지만, 물이
소멸하지 않기 때문에 물결은 계속 이어진다. 단지 바람이 소멸하기 때문
에 물결은 따라 소멸하지만 물이 소멸하는 것은 아니다.

무명無明도 이와 같이 마음 자체에 의지해서 움직인다. 만약 마음 자체가
소멸하면 중생이 의지할 데가 없어 단절되지만, 마음 자체가 소멸하지 않
기 때문에 마음의 작용은 계속 이어진다. 단지 어리석음이 소멸하기 때문
에 마음의 그릇된 작용은 따라 소멸하지만 마음의 지혜가 소멸하는 것은
아니다.

『대승기신론』

허공과 어둠 가운데 어둠이 응결되어 물질이 되었고, 그 물질이 망상과 뒤섞여 생각과 형상을 지닌 것을 육신이라 한다. 인연이 쌓여 안에서 흔들리고, 밖으로 나가는 어둡고 어지러운 작용을 마음이라 한다.

한번 잘못 알아 마음이라 하고는, 이 마음이 육신 안에 있다고 착각해서 육신 밖의 산하·허공·대지가 모두 묘하고 참된 마음 가운데 있는 줄 알지 못한다. 비유하면 청정하고 가없이 넓은 바다를 버리고, 조그만 물거품을 바다 전체라 여겨 그것으로 광대한 바다를 다 알았다고 하는 것과 같다.

『능엄경楞嚴經』제2권

그때 아난과 대중들이 여래의 미묘한 가르침을 듣고서 몸과 마음이 텅 비어 아무런 걸림이 없었다. 그들은 자기의 마음이 시방에 두루 있다는 것을 알아 시방의 허공을 손바닥에 있는 나뭇잎을 보는 듯했다. 세간의 온갖 것이 다 깨달음의 오묘하고 밝은 원래의 마음이었고, 마음의 기운이 두루 원만하여 시방을 감싸 안았다.

부모가 낳은 육신을 돌이켜 보니, 저 허공에 티끌 하나가 보였다 안 보였다 하는 듯하고, 맑고 광대한 바다에 물거품 하나가 흔적 없이 일어났다가 꺼지는 듯한다는 것을 명확히 알았고, 본래의 묘한 마음은 영원하여 소멸하지 않는다는 것을 깨달았다.

『능엄경』 제3권

내가 중생들을 보니
모두 여래장如來藏을 간직했으나
더러움에 뒤덮인 꽃처럼
한량없는 번뇌에 덮여 있네.

내 모든 중생들의
번뇌를 없애 주기 위해
두루 바른 가르침을 설하여
속히 불도佛道를 이루게 하리라. (…)

낭떠러지의 나무에 꿀이 있는데
수많은 벌에 둘러싸였네.
훌륭한 솜씨로 꿀을 따는 자
저 벌떼를 먼저 제거하네.

중생의 여래장은
나무에 있는 꿀과 같은 것
온갖 번뇌에 얽힌 것이
벌떼가 에워싼 것 같네.

나는 모든 중생들을 위해
방편으로 바른 가르침을 설하여
벌떼 같은 번뇌를 제거해
여래장을 열어젖히리라.

『대방등여래장경大方等如來藏經』

진여眞如의 마음은 모든 존재에 두루 통하는 본질이고 본바탕이며, 마음의 본성은 불생불멸이다. 모든 존재는 오직 헛된 생각으로 차별이 있으니, 헛된 생각을 떠나면 온갖 경계는 없다. 그러므로 모든 존재는 본래 말을 떠나고 이름을 떠나고 분별을 떠나서, 결국 평등하고 변화가 없고 파괴되지 않아 오직 일심一心이므로 진여라고 한다.

『대승기신론』

마조가 대중에게 말했다.

"너희들 각자의 마음이 부처임을 확신하라. 이 마음이 곧 부처의 마음이다. 달마대사께서 인도에서 중국에 오셔서 최상의 가르침인 일심一心을 전하여 너희들을 깨닫게 하셨고, 또 『능가경楞伽經』을 인용해서 중생의 마음 바탕을 보이신 것은 너희들이 잘못되어 스스로를 믿지 않을까 봐 염려하셨기 때문이다."

『경덕전등록』 제6권 「마조 도일馬祖道一」

마음은 본래부터 자성이 청정하지만 무명無明에 오염되어 있고, 비록 오염되어 있다고 해도 본래 청정한 마음은 항상 변하지 않는다. 그래서 오직 부처만이 알 수 있다.

마음의 성품은 항상 무념無念이기 때문에 변하지 않는다. 모든 현상에 두루 통하는 본질을 꿰뚫지 못하므로 마음이 진여眞如와 함께하지 못하고 문득 생각이 일어나는 것을 '무명'이라 한다.

『대승기신론』

그때 세존께서 문수사리보살에게 말씀하셨다.

"어떤 것이 무명無明인가?

선남자야, 마치 어리석은 사람이 4방方의 장소를 바꾼 것같이, 모든 중생은 아주 오랜 옛적부터 갖가지로 뒤바뀌었나니, 4대大(지地 · 수水 · 화火 · 풍風)를 잘못 알아 자기의 몸이라 하고, 6진塵(형상 · 소리 · 냄새 · 맛 · 감촉 · 의식 내용)의 그림자를 자기의 마음이라 한다. 마치 눈병 난 사람이 허공에 꽃이 보이고, 달이 2개로 보이는 것과 같다.

선남자야, 허공에는 꽃이 없는데도 눈병 난 사람이 거기에 허망하게 집착하고, 그 집착 때문에 허공의 본성을 모를 뿐 아니라 실제의 꽃이 생기는 곳도 모른다. 그래서 허망하게 괴로운 생존을 되풀이하므로 무명이라 한다.

선남자야, 이 무명은 실체가 있는 게 아니다. 마치 꿈을 꾸는 사람이 꿈속에서는 없지 않지만 깨면 아무것도 없는 것과 같고, 온갖 허공의 꽃이 허공에서 소멸했을 때 소멸한 곳이 정해져 있지 않은 것과 같다. 왜냐하면 생긴 곳이 없기 때문이다. 모든 중생은 생김이 없는데도 허망하게 생멸生滅이 있다고 여기므로 괴로운 생존을 되풀이한다."

『원각경』「문수사리보살장文殊師利菩薩章」

어떤 사람이 불도佛道를 구할 때, 어떤 수행이 가장 중요한가?

오직 마음을 관조하는 그 하나의 법法이 일체를 포섭하므로 가장 중요하다.

(…)

다만 마음을 안으로 응시해서 깨달아 밝게 되면 3독毒은 다 끊어지고, 6적賊의 문을 닫아 흔들리지 않으면 자연히 수많은 공덕과 갖가지 장엄과 한량없는 법문을 하나하나 성취하게 된다.

범부의 경지를 떠나 성자의 경지를 깨닫는 것은 눈앞에서 직접 보는 것이지 멀리 있는 게 아니다. 깨달음은 순식간에 있는 것이니 어찌 머리를 어지럽히랴.

진실한 법문은 깊고 미묘하다. 그러므로 어떻게 다 말할 수 있겠는가.

간단히 관심觀心을 설하여 그 일부를 밝히는 바이다.

『소실육문』「제2문 파상론第二門 破相論」

본래 청정한 마음은 항상 스스로 원만히 밝아서 두루 비추고 있지만, 사람들이 그것을 깨닫지 못하는 것은 단지 보고 듣고 감각하고 아는〔견문각지見聞覺知〕작용을 마음이라고 생각하기 때문이다. 보고 듣고 감각하고 아는 데 덮인 까닭에 맑고 밝은 본래의 성품을 보지 못한다.

단지 바로 무심하기만 하면 본래의 성품이 저절로 나타나나니, 마치 해가 허공에 떠서 아무런 장애 없이 온 누리를 비추는 것과 같다.

『전심법요』

마치 어떤 사람이 자기 옷 속에 여의주如意珠를 지니고 있으면서도 알지 못한 채 초라한 모습으로 객지를 돌아다니면서 구걸하는 것과 같나니, 비록 가난하긴 하지만 여의주를 잃어버린 게 아니다. 어느 날 문득 지혜로운 사람이 여의주가 있다는 것을 가르쳐 주면 원하는 것을 마음대로 가져 큰 부자가 되리니, 그때서야 비로소 그 신비로운 여의주를 밖에서 얻은 것이 아님을 알게 될 것이다.

『능엄경』 제4권

부처의 경계를 알고자 하거든
마음을 허공같이 깨끗이 하라.
망상과 온갖 집착 멀리 떠나면
마음 가는 곳 어디나 걸림 없으리.

80권 『화엄경』 제50권 「여래출현품如來出現品」

육신은 깨끗하지 못하다고 주시하여
모든 감각 기관을 다스리고 음식을 절제할 줄 알고
항상 즐거운 마음으로 정진하는 사람은
그릇된 것에 흔들리지 않는다.
마치 휘몰아치는 바람 속에 우뚝 선 큰 산처럼.

『법구경』「쌍요품雙要品」

오늘날 그대들이 깨달음을 얻지 못하는 병은 어디에 있는가?
병은 스스로를 믿지 않는 데 있다. 자신이 부처라는 것을 믿지 않으면, 헐떡거
리며 바깥 대상에 집착해서 자유를 잃게 될 것이다.
그대들이 순간순간 밖에서 찾는 마음을 다스린다면, 부처나 조사祖師와 다르지
않을 것이다.

『임제록』

부처를 구하려면 부처는 곧 마음이니, 마음을 어찌 멀리서 찾을 것인가. 이 몸을 떠나 따로 있지 않다. 육신은 일시적이어서 태어나기도 하고 죽기도 하지만, 참마음은 허공과 같아서 단절되지도 않고 변하지도 않는다. 그래서 '육신은 부서지고 흩어져 불로 돌아가고 바람으로 돌아가지만, 한 물건[一物]은 영원히 신령하여 하늘을 덮고 땅을 덮는다'고 했다. (…)

문 | 만약 불성佛性이 현재 이 몸에 있다면, 이미 몸 안에 있으므로 범부를 떠날 리가 없는데, 왜 저는 지금 불성을 보지 못합니까? 다시 설명하여 깨닫게 해 주십시오.

답 | 그대의 몸 안에 있으나 그대 스스로 보지 못할 뿐이다. 그대가 하루 종일 배고프거나 목마른 줄 알고, 춥거나 더운 줄도 알고, 성내거나 기뻐하는 건 결국 무엇 때문인가? 육신은 지地 · 수水 · 화火 · 풍風의 4가지 인연이 모인 것으로 그 바탕은 무디고 감정이 없는데, 어찌 보고, 듣고, 느끼고, 알 수 있는가? 보고, 듣고, 느끼고, 아는 것이 그대의 불성이다.

그래서 임제臨濟는 '4대大는 법法을 설하거나 듣지 못하고, 허공도 법을 설하거나 듣지 못한다. 오직 그대의 눈앞에 뚜렷이 밝지만 형상 없는 그것이 법을 설하고 들을 줄 안다'고 했다. 형상 없는 것이란 모든 부처의 바탕이고, 또한 그대의 본래 마음이다. 바로 이렇게 불성이 그대의 몸에 있는데, 어찌 밖에서 헛되이 찾는가.

『수심결修心訣』

꽃을 알고 나니 깨달음의 열매는 원래부터 이루어져 있었다. 그것은 수행에도 증득에도 상관없이 본래 갖추어져 있었고, 오염되지 않고 처음부터 끝까지 청정했다. 청정한 그것을 갖추고 있는 거기에 눈길을 두어 완전히 관조하고 분명히 체득하면, 생사에는 원래 뿌리와 줄기가 없고, 출몰에는 본래 자취가 없어서 본래 성품이 정수리를 비춘다.

『굉지선사광록宏智禪師廣錄』 제6권

참마음은 분별이 없어 오지도 않고 가지도 않는다. 태어나도 성품이 온 게 아니고 죽어도 성품이 가는 게 아니다. 맑고 고요해 마음과 대상이 하나다. 오직 이렇게 관찰하여 단박 깨치면 과거와 현재와 미래에 얽매이지 않게 될 것이니, 이는 세간을 벗어난 자유인이다.

『전심법요』

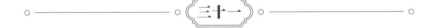

육신 속에 어떤 것에도 걸림 없는 자유인〔無位眞人〕이 있어 항상 너희들의 눈 · 귀 · 코 · 입을 드나든다.

아직 보지 못한 자는 똑똑히 보라.

『임제록』

문 | 무엇이 해탈한 마음입니까?

답 | 해탈한 마음이 없고, 해탈한 마음이 없음도 없는 게 진정한 해탈이다. 경에 이르기를 '법法도 버려야 하거늘 하물며 법 아닌 것이야' 했는데, 법이란 유有이고, 법 아닌 것이란 무無이다. 오직 유무有無를 취하지만 않으면 곧 진정한 해탈이다.

『돈오입도요문론』

문 | 어떤 법法을 닦아야 해탈할 수 있습니까?

답 | 오직 돈오頓悟의 한 방법만이 해탈할 수 있다.

문 | 어떤 것이 돈오입니까?

답 | 돈頓은 단박에 망념을 없애는 것이고, 오悟는 얻을 게 없음을 깨치는 것이다.

문 | 무엇부터 닦아야 합니까?

답 | 근본부터 닦아야 한다.

문 | 무엇이 근본입니까?

답 | 마음이 근본이다.

문 | 마음이 근본임을 어떻게 압니까?

답 | 『능가경』에 '마음이 일어나면 온갖 현상이 일어나고, 마음이 소멸하면 온갖 현상이 소멸한다'고 했고, 『유마경』에 '정토에 이르려면 마음을 깨끗이 해야 하고, 그 깨끗한 마음에 따라 부처의 정토가 된다'고 했고, 『유교경遺教經』에는 '오직 마음을 잘 다스리기만 하면 이루지 못할 게 없다'고 했다. 또 어떤 경에는 '성인은 마음을 구하지 부처를 구하지 않고, 어리석은 사람은 부처를 구하고 마음을 구하지 않는다. 지혜로운 사람은 마음을 보살피고 몸만 보살피지 않고, 어리석은 사람은 몸만 보살피고 마음을 보살피지 않는다'고 했고, 『불명경佛名經』에는 '죄는 마음 따라 생겼다가 마음 따라 소멸한다'고 했다.

따라서 선악과 모든 것은 다 자기의 마음에서 생기므로 마음이 근본임을 알 수 있다. 그래서 해탈을 구하는 자는 먼저 이 근본을 알아야 한다. 이

이어서 ▶▶▶

이치를 분명히 알지 못하고 헛되이 바깥의 형상에서 구하면 그르친다. 『선문경禪門經』에 '바깥의 형상에서 구하면 몇 겁劫이 지나도 끝내 이룰 수 없고, 안으로 마음을 지속적으로 통찰하면 찰나에 깨달음을 증득한다'고 했다.

문 | 근본을 닦으려면 어떤 법으로 닦아야 합니까?

답 | 오직 좌선坐禪하여 선정禪定에 들어야 한다. 『선문경』에 '부처님의 성스러운 지혜를 구하는 요점은 선정이다. 선정이 없으면 생각이 어지럽게 일어나 선근善根을 파괴한다'고 했다.

문 | 어떤 것이 선禪이고, 어떤 것이 정定입니까?

답 | 망념이 일어나지 않음이 선이고, 앉아서 본성을 보는 게 정이다. 본성이란 그대의 생기지 않는 마음이고, 정이란 대상에 대해 무심하여 8풍風에 움직이지 않는 것이다. 8풍이란 이익과 손해, 모독과 명예, 칭찬과 조롱, 괴로움과 즐거움을 말한다.

『돈오입도요문론』

문 | 스님께서는 돈오頓悟와 점수漸修의 두 문이 모든 성인의 길이라 했고, 깨달
음이란 돈오라고 했습니다. 그러면 왜 점점 더 닦을 필요가 있으며, 점점
더 닦아야 한다면 왜 돈오라고 합니까? 돈오와 점수의 뜻을 다시 설명하
여 남은 의심을 끊어 주십시오.

답 | 돈오란, 범부가 미혹했을 때 4대大를 몸이라 하고 망상을 마음이라 하여
자기의 성품이 법신法身인 줄 알지 못하고, 자기의 신령한 마음이 부처인
줄 알지 못하여, 마음 밖에서 부처를 찾아 헤매다가 문득 선지식의 가르
침으로 바른 길에 들어가 한 생각에 빛을 돌려 자기의 본성을 보면, 이 성
품에는 본래 번뇌가 없고 청정한 지혜가 본래부터 스스로 갖추어져 있어,
모든 부처와 털끝만큼도 다르지 않으므로 돈오라 한다.

점수란, 비록 본래의 성품이 부처와 다르지 않음을 깨달았으나 오랫동안
의 습기習氣는 한꺼번에 없애기 어려우므로 깨달음에 의지해서 닦고 점차
익혀 공덕을 이루고, 오래오래 성인의 태胎를 길러서 성인이 되므로 점수
라고 한다. 비유하면, 아기가 처음 태어났을 때는 모든 기관은 어른과 다
르지 않지만, 그 힘이 충실하지 못하고 어느 정도 세월이 지나야 비로소
어른이 되는 것과 같다. (…)

문 | 근기가 높은 사람은 들으면 쉽게 알지만 그렇지 못한 사람은 의혹이 없지
않으니, 다시 방편을 설하여 미혹한 사람들을 깨닫게 해 주십시오.

답 | 도道는 알거나 모르는 데 속하지 않는다. 그대는 미혹을 가지고 깨닫기를
기다리는 마음을 버리고 내 말을 들으라.

모든 현상은 꿈 같고 허깨비 같고 요술 같다. 망념妄念은 본래 고요하고,

이어서 ▶▶▶

바깥 대상은 본래 공하다. 모든 현상이 다 공한 곳에는 신령한 마음이 어둡지 않으니, 이 공하고 고요하며 신령한 마음이 그대의 본래면목本來面目이고, 이것이 3세世의 모든 부처와 역대歷代의 조사와 천하의 선지식이 서로 은밀히 전한 진리이다.

『수심결』

천만 가지 의심도 결국 하나의 의심에 지나지 않는다. 화두의 의심을 꿰뚫으면 천만 가지 의심이 일시에 사라진다. 화두가 꿰뚫어지지 않으면 그것과 정면으로 대결하라. 만약 화두를 버리고 문자에 이끌려 의심을 일으키거나 경전에서 의심을 일으키거나 다른 화두에 의심을 일으키거나 망상 속에서 의심을 일으키면 이미 악마의 무리 속으로 들어간 것과 다름없다.

결코 자신에게 주어진 화두를 쉽게 긍정해서는 안 된다. 또 제멋대로 분별해서도 안 된다. 오직 모든 의식을 생각이 미치지 않는 곳에 집중시켜, 마치 늙은 쥐가 쇠뿔 속에 들어가 꼼짝하지 못하는 것처럼, 마음이 어느 곳으로도 달아나지 못하게 하라.

『대혜서大慧書』「답 여사인答呂舍人」

대혜大慧가 말했다.

"만약 빨리 깨달으려면 현재의 의식을 뿌리째 타파해야 한다. 그러나 마음을 가다듬어 의식을 타파하려 하면 안 된다. 마음을 가다듬어 의식을 타파하는 데 집중한다면, 의식이 타파될 때는 영영 오지 않을 것이다.

일체의 분별심을 버리고 다음의 공안을 참구하라.

어떤 학인이 조주趙州에게 '개도 불성佛性이 있습니까?' 하니 조주는 '무無'•라고 했다.

이 무라는 한 글자야말로 무수한 망상과 분별을 타파하는 몽둥이다. 거기에 어떤 판단을 해서는 안 된다. 그렇다고 해서 아무것도 없는 곳에 내던져 두어도 안 된다. 더구나 의식의 갖가지 작용을 그것이라 해도 안 되고, 책 속에서 그것을 찾으려 해도 안 된다. 오직 일편단심으로, 걸을 때나 머물 때나 앉을 때나 누울 때를 막론하고 항상 그것을 제기하고, 또 거기에 모든 정신을 집중해야 한다."

『대혜보각선사어록』 제26권

• '모든 중생이 다 불성이 있다'는 건 불교 상식인데, 조주는 도대체 왜 '무'라고 했나?
이 '무'는 유/무로 쪼개지기 이전의 '무'다. 분별로 던진 질문을 박살 내고, 분별이 추호도 끼어들 수 없는 언어 이전의 절대를 언어로 드러낸 게 화두인데, 거기에 어찌 합리나 논리가 있겠는가. 그러니 머리 굴리면 영영 그르친다.
'무'가 골수에 절박하게 사무치고 사무쳐 '무' 그 자체가 되어 버리는 것, 이것 외에 다른 길은 없다.

무문無門이 평했다.

참선은 반드시 조사의 관문을 뚫어야 하고, 깨달음을 얻으려면 분별심을 완전히 끊어야 한다. 조사의 관문을 뚫지 못하고 분별심을 끊지 못하면 초목에 붙어 있는 혼령과 다름없다.

자, 말해 보라. 어떤 것이 조사의 관문인가?

오직 이 하나의 '무無' 자, 이것이 선종 제일의 관문이다. 그래서 이것을 '선종의 무문관無門關'이라 한다.

이 관문을 뚫는 자는 직접 조주를 만나고 역대 조사들과 한몸이 되어, 같은 눈으로 보고 같은 귀로 듣는다. 이 얼마나 통쾌한 일인가.

이 관문을 뚫고 싶은 자 없는가?

3백6십 뼈마디와 8만 4천 털구멍을 총동원해서 온몸이 하나의 의심 덩어리가 되어, 오직 이 '무'만 참구하라.

밤낮으로 끊임없이 참구하라. 이 '무'를 허무虛無의 무로 이해해서도 안 되고, 유무有無의 무로 이해해서도 안 된다. 이 '무'의 참구는 뜨거운 쇳덩이를 삼키고서 토해 내려 해도 토해 낼 수 없는 것처럼 절박해야 한다.

이제까지의 쓸데없는 앎과 잘못된 깨달음을 다 탕진하고, 오래오래 참구해서 수행이 깊어지면 저절로 '나'와 '무'가 하나로 된다. 그 경지는 벙어리가 꿈꾼 것 같아 오직 자신만 알 뿐 남에게 전할 수 없다.

갑자기 '무'가 폭발하면 하늘을 놀라게 하고 땅을 진동시킨다. 관우 장군의 큰 칼을 빼앗은 듯, 부처를 만나면 부처를 죽이고 조사를 만나면 조사를 죽여 생사의 벼랑에서도 자유자재하고, 어디서 어떻게 살든 걸림 없이 산다.

이어서 ▶▶▶

자, 그러면 어떻게 참구해야 하는가?

온 기력을 다해 오직 '무'가 되라. 그것이 지속되어 끊어지지 않으면 심지에 살짝 불만 대도 바로 불이 붙듯 광명이 찾아온다.

『무문관』「조주구자趙州狗子」

七章

앎이 아니라 됨이다

처음 쓰는 대장경

비구들아, 만약 어떤 사람이 '사문 싯다르타는 우안거雨安居 동안 어떤 수행을
자주 하는가?' 하고 물으면, 너희들은 '세존은 들숨 날숨을 알아차리는 수행을
자주 하면서 우안거를 보내셨다'고 말하라.

비구들아, 나는 바르게 관찰하면서 숨을 들이쉬고, 바르게 관찰하면서 숨을
내쉰다.

『상윳타 니카야』 54 : 11 「잇차낭갈라」

악을 막고 없애고, 선을 증가시키고 유지하는 것.

이것이 붓다가 가르친 4정근正勤이다.

이를 닦는 비구는

괴로움의 소멸에 이른다.

『앙굿타라 니카야』 4 : 「행품行品」 11행

그때 세존께서 거듭 비구들에게 말씀하셨다.

"만약 비구가 죽음에 대해 사유하면서 전면에 알아차리기를 확립하고, 마음을 움직이지 않으며, 들숨과 날숨의 드나드는 횟수를 알아차리면서 그 사이에 7각지覺支를 사유한다면, 여래의 가르침에서 많은 이익을 얻을 것이다. 왜냐하면 모든 의식 작용은 텅 비어 일어나는 것이나 소멸하는 것이나 모두 허깨비이고 진실함이 없기 때문이다.

그러므로 비구들아, 들숨과 날숨 속에서 죽음에 대해 사유한다면 곧바로 생로병사와 근심·걱정과 고뇌에서 벗어날 것이다."

『증일아함경』 제35권 8경

어떤 것을 수식數息이라 하는가?

수행자가 한적한 곳에 앉아 마음을 다잡아 산란하지 않게 하고, 들숨 날숨을 헤아려 열에 이르게 한다. 하나·둘 헤아리는데 마음이 산란하면 다시 하나부터 헤아려 열에 이르게 한다. 마음이 산란하면 다시 헤아려야 하나니, 이를 수식이라 한다.

수행자는 밤낮으로 1달이든 1년이든 숨 헤아리기를 익혀 마음을 산란하지 않게 해야 한다. 이것을 게송으로 말한다.

자재하고 흔들리지 않음이 산과 같아
들숨 날숨을 헤아려 열에 이르고
밤낮으로 1달이든 1년이든 게으르지 않나니
이렇게 수행하여 숨 헤아리기를 지켜야 하네.

숨을 헤아려 안정되었으면 숨을 따라가야 한다. 어떤 사람이 걸어가면 그림자가 뒤따르듯이 들숨 날숨을 따라가 다른 생각이 없어야 한다.

『수행도지경修行道地經』 제5권 「수식품數息品」

어느 때 붓다께서 사위국 기수급고독원에서 여러 비구에게 말씀하셨다.

"4정단正斷이 있다. 어떤 것이 4가지인가?

하나는 단단斷斷, 둘은 율의단律儀斷, 셋은 수호단隨護斷, 넷은 수단修斷이다.

어떤 것이 단단인가?

비구가 이미 생긴 불선법不善法을 끊으려는 의욕을 가지고 부지런히 노력하는데 마음을 쏟는 것이다.

어떤 것이 율의단인가?

아직 생기지 않은 불선법이 생기지 않도록 의욕을 가지고 부지런히 노력하는데 마음을 쏟는 것이다.

어떤 것이 수호단인가?

아직 생기지 않은 선법善法이 생기도록 의욕을 가지고 부지런히 노력하는 데 마음을 쏟는 것이다.

어떤 것이 수단인가?

이미 생긴 선법을 더욱더 닦고 익히려는 의욕을 가지고 부지런히 노력하는 데 마음을 쏟는 것이다."

『잡아함경』 제31권 877경

어느 때 붓다께서 사위국 기수급고독원에서 여러 비구에게 말씀하셨다.

"5근根이 있다. 어떤 것이 5근인가?

신근信根 · 정진근精進根 · 염근念根 · 정근定根 · 혜근慧根이다.

신근은 4불괴정不壞淨을 아는 것이고, 정진근은 4정단正斷을 아는 것이고, 염근은 4염처念處를 아는 것이고, 정근은 4선禪을 아는 것이고, 혜근은 4성제聖諦를 아는 것이다."

『잡아함경』제26권 646경

모든 여래 · 무소착 · 등정각은 다 5개蓋와 마음의 더러움과 약한 지혜를 끊고 마음을 다잡아 4염처念處에 바르게 머물고, 7각지覺支를 닦아 최상의 바른 깨달음을 이루었다.

『중아함경』제24권「염처경念處經」

어느 때 붓다께서 사위국 기수급고독원에서 여러 비구에게 말씀하셨다.

"5근根이 있다. 어떤 것이 5근인가?

신근信根 · 정진근精進根 · 염근念根 · 정근定根 · 혜근慧根이다.

어떤 것이 신근인가?

비구가 여래에게 일으킨 청정한 신심信心의 근본이 견고하여 다른 사문 · 바라문과 모든 신 · 악마 · 범천과 그 밖의 세상 사람들이 그 마음을 무너뜨릴 수 없는 것을 신근이라 한다.

어떤 것이 정진근인가?

이미 생긴 불건전한 것들을 끊으려는 의욕을 가지고 방편을 써서 마음을 집중하여 힘써 정진하고, 아직 생기지 않은 불건전한 것들이 생기지 않도록 의욕을 가지고 방편을 써서 마음을 집중하여 힘써 정진하며, 아직 생기지 않은 건전한 것들이 생기도록 의욕을 가지고 방편을 써서 마음을 집중하여 힘써 정진하고, 이미 생긴 건전한 것들이 사라지지 않도록 더욱더 닦고 익히려는 의욕을 가지고 방편을 써서 마음을 집중하여 힘써 정진하는 것을 정진근이라 한다.

어떤 것이 염근인가?

비구가 몸의 안과 겉을 있는 그대로 관찰하여 알아차리기를 확립하면서 간절히 정진하고 바르게 알아차리기와 바른 지혜로 세상의 탐욕과 근심을 다스리며, 느낌 · 마음 · 현상의 안과 겉을 있는 그대로 관찰하여 바르게 알아차리기와 바른 지혜로 세상의 탐욕과 근심을 다스리는 것을 염근이라 한다.

어떤 것이 정근인가?

비구가 탐욕과 악하고 불건전한 것들을 여의어서, 일으킨 생각과 지속적인 고

이어서 ▶▶▶

찰이 있고, 기쁨과 안락을 느끼는 초선初禪을 원만하게 성취하여 머물고 (…)
제4선禪을 원만하게 성취하여 머무는 것을 정근이라 한다.

어떤 것이 혜근인가?

비구가 괴로움이라는 성스러운 진리를 진실 그대로 알고, 괴로움의 발생이라
는 성스러운 진리, 괴로움의 소멸이라는 성스러운 진리, 괴로움의 소멸에 이
르는 길이라는 성스러운 진리를 진실 그대로 아는 것을 혜근이라 한다."

『잡아함경』 제26권 647경

"아난아, 자기를 섬으로 삼아 자기에게 의지하고, 가르침을 섬으로 삼아 가르침에 의지하라. 다른 것을 섬으로 삼지 말고 다른 것에 의지하지 마라."

아난이 붓다에게 여쭈었다.

"세존이시여, 어떤 것이 자기를 섬으로 삼아 자기에게 의지하는 것입니까? 어떤 것이 가르침을 섬으로 삼아 가르침에 의지하는 것입니까? 어떤 것이 다른 것을 섬으로 삼지 않고 다른 것에 의지하지 않는 것입니까?"

"비구라면 몸〔身〕에서 몸을 관찰하는 염처念處에서 거듭 힘써 수행해서 바른 지혜와 바른 알아차림으로 세간의 탐욕과 근심을 다스려야 한다.

이와 같이 몸의 안팎을 관찰하고, 느낌〔受〕·마음〔心〕에서도 마찬가지로 하고, 법法에서 법을 관찰하는 염처에서도 그와 같이 한다.

아난아, 이것이 자기를 섬으로 삼아 자기에게 의지하고, 가르침을 섬으로 삼아 가르침에 의지하고, 다른 것을 섬으로 삼지 않고 다른 것에 의지하지 않는 것이다."

『잡아함경』 제24권 638경

비구들아, 탐욕을 알기 위해서는 2가지를 닦아야 한다.

무엇이 2가지인가?

사마타와 위팟사나이다.

비구들아, 탐욕을 알기 위해서는 반드시 이 2가지를 닦아야 한다.

『앙굿타라 니카야』 2 : 17 「율律 등의 품品」

선정禪定에 들지 않으면 지혜를 얻지 못하고

지혜가 없으면 선정에 들 수 없다.

선정과 지혜를 좇으면 열반涅槃에 이를 수 있다.

『법구경』 「사문품沙門品」

비구들아, 어떻게 4염처念處를 거듭 수행해서 7각지覺支를 완성하게 되는가?

비구들아, 세간에 대한 탐욕과 싫어하는 마음을 버리고, 근면하게 분명한 앎과 알아차리기를 하면서 지낸다. 비구가 몸(身)에서 몸을 관찰하는 수행을 하면서 지낼 때, (…) 느낌(受)에서 느낌을 관찰하는 수행을 하면서 지낼 때, (…) 마음(心)에서 마음을 관찰하는 수행을 하면서 지낼 때, (…) 법法에서 법을 관찰하는 수행을 하면서 지낼 때, 알아차리기가 뚜렷이 확립되어 그에게 염각지念覺支가 생기고, 그것을 닦아 염각지를 완성하게 된다.

그 비구가 그렇게 알아차리기를 지니고 머물면서 지혜로 몸-마음의 현상들을 고찰하고 검토하고 사색할 때, 그에게 택법각지擇法覺支가 생기고, 그것을 닦아 택법각지를 완성하게 된다.

그 비구가 지혜로 몸-마음의 현상들을 고찰하고 검토하고 사색할 때, 그에게 지칠 줄 모르는 정진이 생기고, 그때 그에게 정진각지精進覺支가 생기며, 그것을 닦아 정진각지를 완성하게 된다.

정진을 일으켜 수행에 몰두하는 그 비구에게 세간에서 맛볼 수 없는 기쁨이 생기고, 그때 그에게 희각지喜覺支가 생기며, 그것을 닦아 희각지를 완성하게 된다.

기쁨을 느끼는 그 비구는 몸-마음이 편안하다. 그때 그에게 경안각지輕安覺支가 생기고, 그것을 닦아 경안각지를 완성하게 된다.

몸-마음이 편안한 그 비구는 더욱 집중하게 된다. 그때 그에게 정각지定覺支가 생기고, 그것을 닦아 정각지를 완성하게 된다.

이처럼 마음이 집중된 그 비구는 마음의 평온을 잘 유지한다. 그때 그에게 사각지捨覺支가 생기고, 그것을 닦아 사각지를 완성하게 된다.

『맛지마 니카야』 118 「들숨과 날숨을 알아차리는 경」

그때 아난존자가 상좌上座에게 가서 공경히 인사하고 안부를 물은 뒤 한쪽에 물러나 앉아서 물었다.

"비구가 한적한 삼림이나 조용한 방에서 사유하려면 어떤 방법으로 세밀하게 사유해야 합니까?"

상좌가 대답했다.

"아난존자여, 사마타와 위팟사나의 2가지 방법으로 사유해야 합니다."

"사마타를 거듭거듭 수행하면 무엇이 이루어지고, 위팟사나를 거듭거듭 수행하면 무엇이 이루어집니까?"

"아난존자여, 사마타를 거듭 수행하면 결국 위팟사나가 이루어지고, 위팟사나를 거듭 수행하면 사마타가 이루어집니다. 성자의 제자는 사마타와 위팟사나를 함께 수행해서 해탈의 경지에 이릅니다."

『잡아함경』 제17권 제464경

아무리 묘한 말씀 많이 읽어도

방탕하여 계율을 지키지 않고

탐욕과 분노와 어리석음에 빠져서

지관止觀(사마타와 위팟사나)을 닦지 않으면

소떼와 같을 뿐

붓다의 제자라고 할 수 없다.

『법구경』「쌍요품」

어느 때 붓다께서 사위국 기수급고독원에서 여러 비구들에게 말씀하셨다.

"비구들아, 3학學이 있다. 어떤 것이 3가지인가?

뛰어난 계학戒學, 뛰어난 정학定學, 뛰어난 혜학慧學이다.

어떤 것이 뛰어난 계학인가?

만약 비구가 계율을 지켜 규율에 맞는 몸가짐과 행위를 원만하게 갖추고, 가벼운 죄를 보아도 두려운 마음을 내어 계율을 지니면, 이것을 뛰어난 계학이라 한다.

어떤 것이 뛰어난 정학인가?

만약 비구가 온갖 악하고 불건전한 것들을 여의고, 일으킨 생각과 지속적인 고찰이 있고, 온갖 악하고 불건전한 것들을 여읜 데서 생긴 희열과 행복이 있는 초선初禪에 원만하게 머물고 (…) 제4선禪에 원만하게 머물면, 이것을 뛰어난 정학이라 한다.

어떤 것이 뛰어난 혜학인가?

만약 비구가 괴로움이라는 성스러운 진리를 진실 그대로 알고, 괴로움의 발생이라는 성스러운 진리, 괴로움의 소멸이라는 성스러운 진리, 괴로움의 소멸에 이르는 길이라는 성스러운 진리를 진실 그대로 알면, 이것을 뛰어난 혜학이라 한다."

『잡아함경』 제30권 제832경

비구가 수시로 뛰어난 계학戒學과 뛰어난 정학定學과 뛰어난 혜학慧學을 닦아서 때가 되면, 자연히 아무런 번뇌도 일어나지 않아 마음이 잘 해탈할 것이다.

비구들아, 비유하면 닭이 알을 품고 열흘이나 열이틀 동안 수시로 동정을 살피면서 시원하게 혹은 따뜻하게 잘 보호하는 것과 같다. 그러나 알을 품은 닭은 '오늘 아니면 내일이나 훗날에 알을 부리로 쪼거나 발톱으로 긁어서 병아리가 무사히 나올 수 있게 하리라'고 생각하지 않는다. 그저 그 닭이 알을 잘 품고 수시로 잘 보호하면 병아리는 자연히 나오게 될 것이다.

비구들아, 이와 같이 3학學을 잘 닦아서 때가 되면, 자연히 아무런 번뇌도 일어나지 않아 마음이 잘 해탈할 것이다.

『잡아함경』 제29권 827경

문 | 3학學을 함께 닦는다고 하는데, 무엇이 3학이고 어떻게 함께 닦습니까?

답 | 3학이란 계戒 · 정定 · 혜慧이다.

문 | 계 · 정 · 혜란 무슨 뜻입니까?

답 | 청정하여 오염되지 않음이 계이고, 아는 마음이 동요하지 않아 대상을 마주해도 고요함이 정이다. 아는 마음이 동요하지 않을 때 동요하지 않는다는 생각이 일어나지 않고, 아는 마음이 청정할 때 청정하다는 생각도 일어나지 않으며, 나아가 선악 등을 분별하지만 거기에 오염되지 않고 자재함이 혜이다.

계 · 정 · 혜의 본질을 알 수 없다는 것을 알 때, 곧 분별이 없어져 하나의 상태가 되니, 이것이 3학을 함께 닦는 것이다.

『돈오입도요문론』

음행은 청정한 성품을 끊고, 살생은 자비심을 끊고, 도둑질은 복덕을 끊고, 거짓말은 진실을 끊는다. 지혜를 이루어 6신통을 얻었다고 해도 살생과 도둑질과 음행과 거짓말을 끊지 못한다면, 반드시 악마의 길에 떨어져 깨달음에 이르는 바른 길을 영영 잃고 말 것이다. 이 4가지 계율은 모든 계율의 근본이므로 따로 밝히니, 생각으로라도 범하지 말아야 한다.

생각하지 않는 것을 계율[戒]이라 하고, 생각이 없는 것을 선정[定]이라 하고, 망상하지 않는 것을 지혜[慧]라 한다. 계율은 도둑을 잡는 것이고, 선정은 도둑을 묶어 놓는 것이고, 지혜는 도둑을 죽이는 것이다. 계율의 그릇이 온전하고 견고해야 선정의 물이 맑고 깨끗해 비로소 지혜의 달이 나타난다.

『선가귀감』

무엇이 삼매三昧인가? 무엇이 삼매의 특징인가? 무엇이 삼매에 도움이 되는가? 마음이 하나의 대상에 집중된 상태, 이것이 삼매이다.

4염처念處가 삼매의 특징이고, 4정근正勤이 삼매에 도움이 된다. 이러한 법法들을 닦고 계발하는 것, 이것이 삼매 수행이다.

『디가 니카야』 44 「교리 문답의 작은 경」

비구들아, 삼매三昧를 닦아야 한다. 마음이 잘 집중되어 있는 비구는 있는 그대로 안다. 무엇을 있는 그대로 아는가?

색色의 발생과 소멸, 수受의 발생과 소멸, 상想의 발생과 소멸, 행行의 발생과 소멸, 식識의 발생과 소멸을 있는 그대로 안다.

『상윳타 니카야』 22 : 5 「삼매三昧」

백거이白居易가 조과 도림鳥窠道林에게 물었다.

"어떤 것이 불법佛法의 대의입니까?"

"나쁜 짓을 하지 말고 좋은 일만 하라."

"그거야 3살 먹은 아이도 아는 것 아닙니까."

"3살 먹은 아이도 말할 수 있지만 80살 노인도 행하지는 못한다."

백거이가 절을 했다.

『경덕전등록』 제4권 「조과 도림鳥窠道林」

나는 어려서부터 학문을 쌓아서
주석을 더듬고 경론을 살폈나니

쉴 새 없이 이름과 특징을 분별하여
바닷가의 모래 헤아리듯 헛되이 스스로 피곤하였다.

문득 여래의 호된 꾸지람을 들었으니
남의 보배 세어서 무슨 이익 있겠는가.

이제까지 길을 잃고 헛된 수행했음을 깨닫고 나니
여러 해 부질없이 먼지만 일으킨 나그네였네.

『증도가』

수행의 요점은 단지 범부의 감정을 없애는 것이지 따로 성인의 앎이 있는 게 아니다.

『선가귀감』

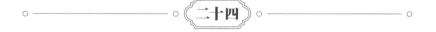

도道를 배우는 사람이 성불하고자 한다면 어떤 불법佛法도 전혀 배울 필요가 없다. 오직 구하지 않고 집착하지 않는 것만 배우면 된다. 구하지 않으면 마음이 일어나지 않고, 집착하지 않으면 마음이 소멸하지 않는다. 일어나지도 않고 소멸하지도 않는 게 부처다.

『전심법요』

비구들아, 도道를 얻으려면 8가지 행行을 닦아야 한다.

무엇이 8가지인가?

하나는 마음을 집중하여 붓다의 가르침을 받아들이고, 둘은 애욕을 버려 세상과 다투지 않고, 셋은 살생과 도둑질과 음행을 저지르지 않고, 넷은 속이지도 헐뜯지도 나쁜 말로 꾸짖지도 않고, 다섯은 질투하지도 탐욕을 부리지도 불신하지도 않고, 여섯은 무상無常과 고苦와 공空과 무아無我를 생각하고, 일곱은 몸은 냄새나고 깨끗하지 않다고 관찰하고, 여덟은 몸에 탐착하지 않고 마침내 흙으로 돌아가는 줄 아는 것이다.

『반니원경般泥洹經』 상

도道에 들어가는 길은 많으나 요약해서 말하면 2가지에 지나지 않는다. 하나는 이입理入이고, 둘은 행입行入이다.

이입이란 경전에 의거해서 불교의 근본 요지를 깨닫는 것이다. 모든 중생이 똑같이 청정한 성품을 지니고 있으나 번뇌와 망상에 덮여서 드러나지 못한다는 것을 깊이 믿고서, 망상을 버리고 청정한 성품으로 돌아가 거기에 집중하면 나도 없고 남도 없어 범부와 성인이 평등하다. 여기에 굳건히 머물러 흔들리지 않으면 다시는 문자나 교리에 이끌리지 않는다. 이것이 바로 이치에 그윽이 부합해서 분별이 없고 고요하여, 있는 그대로의 참모습이기 때문에 이입이라 한다.

행입이란 4가지 행行을 말하니, 그 밖의 모든 행은 다 여기에 포함된다. 무엇이 4가지인가?

하나는 수행자가 고통을 당할 때는 과거에 자신이 저지른 행위의 과보라고 생각하여 남을 원망하지 않는 보원행報冤行이고, 둘은 즐거움이나 괴로움은 인연따라 일어나고 소멸하므로 거기에 동요하지 않고 순응하는 수연행隨緣行이고, 셋은 밖에서 구하는 것을 그치고 탐욕과 집착을 버리는 무소구행無所求行이고, 넷은 자신의 성품이 본래 청정하다는 공空의 입장에서 공의 실천에 적합한 6바라밀波羅蜜을 닦는 칭법행稱法行이다.

『경덕전등록』 제30권 「보리달마약변대승입도사행菩提達摩略辨大乘入道四行」

어떤 승려가 마조에게 물었다.

"화상께서는 어찌하여 마음이 곧 부처라고 합니까?"

"아기의 울음을 그치기 위해서다."

"울음을 그친 뒤에는 어떻게 합니까?"

"마음도 아니고 부처도 아니다."

"이 2가지를 제외한 사람이 오면 어떻게 합니까?"

"그에게는 그 무엇도 아니라고 말하겠다."*

『경덕전등록』 제6권 「마조 도일」

* 부처를 밖에서 찾는 이에게는 '마음이 곧 부처다'라고 일침을 가하고, 여기에 집착하는 이에게는 '마음도 아니고 부처도 아니다'라고 경고하고, 마음과 부처를 말할 필요가 없는 이에게는 '그 무엇도 아니다'라고 말해 준다. 지붕에 오르려면 사다리가 필요하고, 개울을 건너려면 징검다리를 디뎌야 하지만, 사다리와 징검다리에 집착해서 그것을 이리저리 궁리하느라 사다리에서 떨어지고 개울에 빠지지는 않을까, 마조는 그것을 염려했다.

불 · 보살의 세계

제가 부처가 된다고 해도, 시방의 중생들이 지극한 마음으로 믿고 원해 저의 국토에 태어나려고 아미타불을 10번 불러도 태어나지 못한다면, 저는 깨달음을 이루지 않겠습니다. 다만 5역죄逆罪를 저지른 사람과 정법을 비방하는 사람은 제외하겠습니다.

제가 부처가 된다고 해도, 시방의 중생들이 깨달으려는 마음을 내어 온갖 공덕을 닦고 지극한 마음으로 발원해서 저의 국토에 태어나려 하고, 어떤 사람의 수명이 다할 때에 제가 대중에게 둘러싸여 그 사람 앞에 나타날 수 없다면, 저는 깨달음을 이루지 않겠습니다.

『무량수경無量壽經』 상

그때 부처님이 장로 사리불에게 말씀하셨다.

"여기에서 10만억 불국토를 지나 극락이라는 세계가 있다. 그 국토에 부처님이 계시는데, 아미타불이라 하고 지금도 설법하고 계신다.

사리불아, 그 국토를 왜 극락이라 하는가?

그 나라의 중생들은 어떤 괴로움도 없고, 온갖 즐거움만 누리므로 극락이라 한다."

『**아미타경**阿彌陀經』

수보리야, 보살은 대상에 얽매이지 않고 보시해야 한다. 형상에 얽매이지 않고 보시해야 하고, 소리 · 냄새 · 맛 · 감촉 · 의식 내용에 얽매이지 않고 보시해야 한다. 수보리야, 보살은 이렇게 생각에 얽매이지 않고 보시해야 한다. 왜 그리해야 하는가? 보살이 생각에 얽매이지 않고 보시하면, 그 복덕을 헤아릴 수 없기 때문이다.

『**금강경**』 제4 「**묘행무주분**妙行無住分」

사리불아, 너는 저 부처님을 왜 아미타불이라 부른다고 생각하느냐?

사리불아, 저 부처님은 광명이 한량없어 시방 세계를 모두 비추어도 걸림이 없다. 그래서 아미타불이라 한다.

또 사리불아, 저 부처님의 수명과 그 나라 사람들의 수명은 한량없고 끝없는 아승기겁阿僧祇劫이다. 그래서 아미타불이라 한다.

사리불아, 아미타불이 성불한 이래 지금까지 10겁劫이 되었다. (…)

사리불아, 선남자 선여인이 아미타불에 대한 말을 듣고 그 이름을 마음에 깊이 새겨 하루나 이틀, 혹은 사흘, 나흘, 닷새, 엿새, 이레 동안 흐트러지지 않고 한결같은 마음으로 생각하면, 그 사람의 수명이 다할 때 아미타불이 제자들과 함께 그 사람 앞에 나타나신다. 그 사람은 죽을 때에도 마음이 흔들리지 않고 바로 아미타불의 극락국토에 태어나게 된다.

사리불아, 나는 이러한 이익을 보고 알기 때문에 이런 말을 하는 것이다. 어떤 중생이 이 말을 듣는다면 저 국토에 태어나기를 발원해야 한다. (…)

사리불아, 어떤 사람이 이미 발원했거나 지금 발원하거나 장차 발원하여 아미타불의 국토에 태어나려고 한다면, 이 사람들은 모두 아누다라삼막삼보리阿耨多羅三藐三菩提에서 물러나지 않는 경지를 얻어 저 국토에 이미 태어났거나 지금 태어나거나 장차 태어날 것이다.

그러므로 사리불아, 선남자 선여인으로서 믿음이 있는 이는 반드시 저 국토에 태어나기를 발원해야 한다.

『아미타경』

부처님이 아난에게 말씀하셨다.

"시방 세계의 여러 천신과 사람 중에서 지극한 마음으로 저 국토에 태어나려는 자들에 세 무리가 있다.

상배上輩는, 집과 욕심을 버리고 사문이 되어 깨달으려는 마음을 일으켜 한결같이 무량수불無量壽佛을 생각하고, 온갖 공덕을 닦아 저 국토에 태어나려는 자들이다.

이런 중생들은 수명이 다할 때 무량수불이 대중과 함께 그의 앞에 나타나신다. 그는 곧바로 그 부처님을 따라 저 국토에 가서 7보寶로 된 연꽃 속에 저절로 태어난다. (…)

중배中輩는, 시방 세계의 여러 천신과 사람 중에서 지극한 마음으로 저 국토에 태어나기를 원하는데, 비록 사문이 되어 큰 공덕을 닦지는 못하지만 최상의 깨달음에 이르려는 마음을 내어 한결같이 무량수불을 생각하고, 약간이라도 착한 일을 행하고, 계율을 받들어 지키고, 탑을 세우고, 불상을 조성하고, 사문에게 공양하고, 향을 사르고는 이 공덕을 회향하여 저 국토에 태어나려는 자들이다. (…)

하배下輩는, 시방 세계의 여러 천신과 사람 중에서 지극한 마음으로 저 국토에 태어나려고 하는데, 갖가지 공덕을 짓지는 못하지만 최상의 깨달음에 이르려는 마음을 내고, 한결같이 생각을 가다듬어 10번만이라도 무량수불을 생각하여 저 국토에 태어나려는 자들이다. 또 깊은 가르침을 듣고 환희하면서 믿어 의혹을 일으키지 않고 1번만이라도 무량수불을 생각하여 지극히 정성스런 마음으로 저 국토에 태어나려는 자들이다.

이런 사람들은 임종할 때 꿈에 그 부처님을 뵙고 왕생한다. 이들의 공덕과 지혜는 중배에 다음간다."

『무량수경』 하

입으로 외우는 것을 송불誦佛이라 하고, 마음으로 생각하는 것을 염불念佛이라
한다. 입으로만 외우고 마음으로 생각하지 않는다면 아무런 이익이 없으니,
생각하고 또 생각하라.

부처님은 근기가 높은 사람을 위해서는 마음이 곧 부처요, 마음이 곧 정토이
며, 자신의 청정한 성품이 아미타불이라 했으니, 이것은 이른바 서방정토가
멀지 않다는 뜻이다. 또 근기가 낮은 사람을 위해서는 10만 8천 리나 된다고
했으니, 이는 이른바 서방정토가 멀다는 뜻이다. 그러므로 서방정토의 멀고
가까움은 다른 데 있는 게 아니라 자신의 마음에 있다.

만약에 누구나 한 생각도 일으키지 않는다면, 과거와 미래가 끊어져 곧 자신의
아미타불의 정토가 드러날 것이다.

『청허당집』「선교게어禪敎偈語」

붓다께서 수보리에게 말씀하셨다.

"모든 보살마하살은 이렇게 마음을 다스려야 한다.

'모든 중생의 부류로서 알에서 깨어난 거나 어미 배 속에서 태어난 거나, 습한 데서 생긴 거나 스스로 생긴 거나, 형상이 있는 거나 형상이 없는 거나, 생각이 있는 거나 생각이 없는 거나, 생각이 있는 것도 아니고 생각이 없는 것도 아닌 것들을 내가 다 무여열반無餘涅槃에 들게 해서 멸도滅度에 이르게 하겠다. 그러나 이렇게 한량없고 셀 수 없고 끝없는 중생을 멸도에 이르게 해도 실은 멸도에 이른 중생은 없다.'

왜 그런가? 수보리야, 보살에게 자아라는 생각, 인간이라는 생각, 중생이라는 생각, 목숨이라는 생각이 있으면 보살이 아니기 때문이다."

『금강경』 제3 「대승정종분大乘定宗分」

"수보리야, 어떻게 생각하느냐? 보살이 불국토를 장엄하느냐?"

"아닙니다, 세존이시여. 왜냐하면 불국토를 장엄한다는 것은 장엄이 아니기 때문입니다. 그래서 장엄*이라 합니다."

"그러므로 수보리야, 모든 보살마하살은 이렇게 청정한 마음을 내야 한다. 형상에 얽매이지 않고 마음을 내야 하고, 소리 · 향기 · 맛 · 감촉 · 의식 내용에 얽매이지 않고 마음을 내야 한다. 어디에도 얽매이지 않고 그 마음을 내야 한다."

『금강경』 제10 「장엄정토분莊嚴淨土分」

● 첫 번째 '장엄'과 세 번째 '장엄'은 분별이 끊어진 경지에서 한 말이고, 두 번째 '장엄'은 중생이 분별로 일으킨 말이다. 예를 들어, 세존이 "집착하지 마라"고 하면 그야말로 집착이 끊어진 상태에서 한 말이지만, 중생이 "집착하지 마라"고 하면, 그것은 집착하는 상태에서 한 말이다. 똑같은 말이지만 화자話者의 상태는 전혀 다르다.

문수사리文殊師利가 말했다.

"거사居士여, 고통은 견딜 만합니까? 치료하여 덜합니까, 심하지는 않습니까? 세존께서 만수무강하라고 하셨습니다.

거사여, 이 병은 무엇 때문에 생겼고, 생긴 지 오래되었다면 어떻게 해야 나을 수 있겠습니까?"

유마힐이 말했다.

"어리석음과 애욕에서 내 병이 생겼습니다. 중생들이 병들어서 나도 병들었습니다. 중생들의 병이 나으면 내 병도 낫습니다. 왜냐하면 보살은 중생을 위해 생사에 들어섰는데, 생사가 있으면 병이 있기 때문입니다. 중생이 병을 떠나면 보살도 병이 없을 겁니다.

비유하면 어떤 사람에게 자식이 하나 있는데, 그 자식이 병들면 부모도 병들고, 자식의 병이 나으면 부모도 낫습니다. 보살도 마찬가지입니다. 모든 중생을 자식처럼 사랑합니다. 중생이 병들면 보살도 병들고, 중생의 병이 나으면 보살도 낫습니다. 이 병은 무엇 때문에 생겼느냐 하면, 보살의 병은 대비大悲에서 생깁니다."

『유마경』「문수사리문질품文殊師利問疾品」

아난아, 모든 보살마하살이 바르고 원만한 깨달음을 얻고자 한다면 6바라밀波
羅蜜을 닦아야 한다. 왜냐하면 6바라밀은 보살마하살의 어머니로서 모든 보살
을 낳기 때문이다.

『마하반야바라밀경摩訶般若波羅蜜經』 제20권 「누교품累教品」

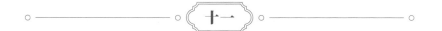

그러므로 수보리야, 보살마하살이 바르고 원만한 깨달음을 얻고, 불국토를 청
정하게 하고, 중생의 뜻을 성취시키고자 하면 6바라밀波羅蜜과 37보리분법菩提
分法을 닦아야 한다. 그리고 4섭법攝法으로 중생을 거두어 주어야 하나니, 어떤
것이 4가지인가? 보시布施와 애어愛語와 이익利益과 동사同事이다.

『대지도론大智度論』 제76권 「몽중부증품夢中不證品」

이 보살은 찰나마다 항상 10바라밀波羅蜜을 다 갖추고 있습니다. 왜냐하면 찰나마다 대비大悲를 으뜸으로 하여 부처님의 가르침을 수행하고 부처님의 지혜로 향하기 때문입니다.

지니고 있는 선근善根으로 부처님의 지혜를 구하기 위해 중생에게 베푸니 보시바라밀布施波羅蜜이고, 온갖 뜨거운 번뇌를 다 없애니 지계바라밀持戒波羅蜜이고, 자비를 으뜸으로 하여 중생에게 해를 끼치지 않으니 인욕바라밀忍辱波羅蜜이고, 뛰어난 선법善法을 구하는 데 싫증 내지 않으니 정진바라밀精進波羅蜜이고, 모든 것을 꿰뚫어 아는 지혜의 길이 항상 눈앞에 나타나 산란하지 않으니 선정바라밀禪定波羅蜜이고, 모든 현상은 생기지도 소멸하지도 않는다는 것을 확실하게 인정하니 반야바라밀般若波羅蜜이고, 한량없는 지혜를 내니 방편바라밀方便波羅蜜이고, 매우 높고 뛰어난 지혜를 구하니 원바라밀願波羅蜜이고, 어떤 다른 주장이나 어떤 악마의 무리도 가로막거나 부술 수 없으니 역바라밀力波羅蜜이고, 모든 현상을 있는 그대로 밝게 아니 지바라밀智波羅蜜입니다.

80권 『화엄경』 제37권 「10지품」

그때 무진의無盡意보살이 자리에서 일어나 오른쪽 어깨를 드러내고 부처님을 향해 합장하고 여쭈었다.

"세존이시여, 관세음보살은 무슨 까닭으로 관세음이라 합니까?"

부처님이 무진의보살에게 말씀하셨다.

"선남자야, 온갖 고통을 받고 있는 한량없는 백천만억 중생들이 관세음보살의 이름을 듣고 한마음으로 그 이름을 부르면, 관세음보살이 곧 그 음성을 알아듣고 모두 고통에서 벗어나게 한다. (…)

어떤 중생에게 음욕이 많다 해도 늘 관세음보살을 생각하고 공경하면 음욕을 떠나게 되고, 분노가 많다 해도 늘 관세음보살을 생각하고 공경하면 분노를 떠나게 되고, 어리석음이 많다 해도 늘 관세음보살을 생각하고 공경하면 어리석음을 떠나게 된다.

무진의야, 관세음보살에게는 이러한 크고 불가사의한 힘이 있어 이롭게 하는 게 많으니, 중생들은 늘 마음으로 그를 생각해야 한다. (…)

무진의야, 만약 어떤 사람이 62억 갠지스강의 모래알만큼 많은 보살의 이름을 받아 지니면서 목숨이 다하도록 음식과 옷과 침구와 약품 등을 보시한다면, 네 생각은 어떠하냐? 이 선남자 선여인은 공덕이 많겠느냐?"

무진의보살이 대답했다.

"매우 많습니다, 세존이시여."

세존께서 말씀하셨다.

"만약 또 어떤 사람이 관세음보살의 이름을 받아 지니고서 한때만이라도 예배하고 공양한다면, 이 두 사람의 복은 똑같고, 백천만억 겁劫이 지나도 다하지

이어서 ▶▶▶

않을 것이다.

무진의야, 관세음보살의 이름을 받아 지내면 이와 같이 한량없고 가없는 복덕의 이익을 얻게 된다." (…)

무진의보살이 부처님께 여쭈었다.

"세존이시여, 관세음보살은 이 사바세계에서 어떻게 지내고, 중생들에게 어떻게 설법하며, 또 방편의 힘은 어떻습니까?"

부처님이 무진의보살에게 말씀하셨다.

"선남자야, 어떤 국토의 중생 가운데 부처님의 몸으로 제도할 이에게는 관세음보살이 부처님의 몸으로 나타나 설법하고, 벽지불의 몸으로 제도할 이에게는 벽지불의 몸으로 나타나 설법하고, 성문聲聞의 몸으로 제도할 이에게는 성문의 몸으로 나타나 설법한다. (…)

무진의야, 관세음보살은 이러한 공덕을 성취하여 갖가지 모습으로 여러 국토를 다니면서 중생을 번뇌의 속박에서 벗어나게 한다. 그러므로 너희들은 관세음보살을 한마음으로 공양해야 한다. 관세음보살마하살은 두렵고 위급한 재앙에 처한 이를 두려움에서 구해 주기 때문에 이 사바세계에서는 모두 그를 '두려움에서 구해 주는 이'라고 한다." (…)

그때 무진의보살이 게송으로 말했다.

중생이 곤란과 재앙을 당해
한량없는 고통에 시달릴 때
관음의 묘한 지혜의 힘이
세간의 고통에서 구해 주네.

이어서 ▶▶▶

신통력 다 갖추고
지혜의 방편을 널리 닦았기에
시방의 국토 어디서나
그 몸 나타내
지옥 · 아귀 · 축생 등과
생로병사의 고통을
점점 소멸시키네. (…)

관세음의 묘한 음성은
범천의 음성 같고
파도 소리 같아
세간에서 뛰어난 소리이니
늘 관세음 생각하되
잠시라도 의심하지 마라.

청정하고 성스러운 관세음은
고뇌와 죽음의 재앙 속에서
믿고 의지할 데이고
온갖 공덕 갖추어
자비로운 눈으로 중생을 보는
한량없는 복덕 바다이니
머리 숙여 예배하라.

『법화경法華經』「관세음보살보문품觀世音菩薩普門品」

338

그때 보현보살마하살普賢菩薩摩訶薩이 여래의 뛰어난 공덕을 찬탄하고 나서 여러
보살과 선재동자善財童子에게 말했다.

"선남자야, 여래의 공덕은 시방의 모든 부처님이 말할 수 없이 많은 불국토의
티끌 수만큼 많은 겁劫을 지내면서 계속 말씀하시더라도 끝내 다할 수 없다.
만약 이런 공덕문을 성취하려면 반드시 10가지 넓고 큰 행원行願을 닦아야 한
다. 무엇이 10가지인가?

하나는 모든 부처님께 경건한 마음으로 절하고, 둘은 부처님을 찬탄하고, 셋
은 널리 공양하고, 넷은 업장業障을 참회하고, 다섯은 남이 지은 공덕을 기뻐하
고, 여섯은 부처님께 설법해 주시기를 청하고, 일곱은 부처님께 이 세상에 오
래 머무시기를 청하고, 여덟은 항상 부처님을 따라다니며 배우고, 아홉은 항
상 중생의 뜻을 거스르지 않고, 열은 모두 두루 회향하는 것이다."

선재동자가 말했다.

"대성大聖이시여, 어떻게 경건한 마음으로 절하고, 어떻게 회향합니까?"

보현보살이 선재동자에게 말했다.

"모든 부처님께 경건한 마음으로 절한다는 것은 온 법계와 허공계와 시방의 과
거·현재·미래와 모든 불국토의 티끌 수만큼 많은 부처님을 내가 보현행원
의 힘으로 깊은 믿음이 생겨 눈앞에 뵌 듯하여 청정한 몸과 말과 뜻으로 항상
절하는데, 낱낱 부처님이 계신 곳마다 말할 수 없이 많은 불국토의 티끌 수만
큼 많은 몸을 나타내어, 그 한 몸 한 몸이 말할 수 없이 많은 불국토의 티끌 수
만큼 많은 부처님에게 두루 절하는 것이니, 허공계가 끝나면 나의 절도 끝나겠
지만, 허공계가 끝날 수 없으므로 나의 이 절도 끝나지 않는다.

이어서 ▶▶▶

이와 같이 하여 중생계가 끝나고 중생의 업이 끝나고 중생의 번뇌가 끝나면 나의 절도 끝나겠지만, 중생계와 중생의 번뇌가 끝날 수 없으므로 나의 이 절도 끝나지 않아, 끊임없이 계속해서 잠시도 쉬지 않지만 몸과 말과 뜻으로 하는 일에 힘들어하거나 싫증 내지 않는다. (…)

선남자야, 업장을 참회한다는 것은 보살이 생각하기를 '내가 과거의 아주 오랜 겁 동안에 탐욕과 분노와 어리석음으로 말미암아 몸과 말과 뜻으로 지은 악업이 한량없고 가없어, 만약 그 악업이 형체가 있는 것이라면 허공계도 다 수용할 수 없을 것이다. 내 이제 청정한 몸과 말과 뜻으로 법계의 티끌만큼 많은 국토의 모든 불보살 앞에서 지성으로 참회하고 다시는 악업을 짓지 않고 항상 청정한 계율의 온갖 공덕에 머물겠습니다'라고 하는 것이다.

이와 같이 하여 허공계가 끝나고 중생계가 끝나고 중생의 업이 끝나고 중생의 번뇌가 끝나면 나의 참회도 끝나겠지만, 허공계와 중생의 번뇌가 끝날 수 없으므로 나의 이 참회도 끝나지 않아, 끊임없이 계속해서 잠시도 쉬지 않지만 몸과 말과 뜻으로 하는 일에 힘들어하거나 싫증 내지 않는다. (…)

선남자야, 모두 두루 회향한다는 것은 처음에 부처님께 절하는 것에서 중생의 뜻을 거스르지 않는 것까지의 모든 공덕을 온 법계와 허공계의 모든 중생에게 남김없이 회향하여, 중생이 항상 안락하고 갖가지 병으로 겪는 고통이 없기를 원하고, 악한 일을 하고자 하면 다 이루어지지 않고 선한 일을 닦고자 하면 다 빨리 성취하여 온갖 악한 방향으로 가는 문을 닫아 버리고, 인간과 천상의 중생에게 열반^{涅槃}에 이르는 바른 길을 열어 보이고, 모든 중생이 쌓인 악업으로 받게 되는 온갖 극심한 고통의 과보를 내가 다 대신 받아, 저 중생들이 모두 해

이어서 ▶▶▶

탈하여 마침내 최상의 깨달음을 성취하게 하는 것이다.

보살은 이와 같이 회향하는데, 허공계가 끝나고 중생계가 끝나고 중생의 업이 끝나고 중생의 번뇌가 끝나더라도 나의 이 회향은 끝나지 않아, 끊임없이 계속해서 잠시도 쉬지 않지만 몸과 말과 뜻으로 하는 일에 힘들어하거나 싫증 내지 않는다. (…)

선남자야, 저 모든 중생들이 이 큰 서원을 듣고 믿어, 받아 지녀서 읽고 외우고 널리 남에게 설해 준다면, 그 공덕은 부처님을 제외하고는 아무도 알 자가 없다.

그러므로 너희들은 이 서원을 듣고 의심하지 말고, 조심스럽게 받아서 읽고 외우고 지니고 베껴 쓰고 널리 남에게 설해 주어라. 설해 주는 사람들은 한순간에 행원을 다 성취하여 얻을 복이 한량없고 가없어, 번뇌와 큰 고통의 바다에서 중생을 건져 내어 벗어나게 하고, 다 아미타불의 극락세계에 왕생할 것이다."

『40권 화엄경』「입불사의해탈경계보현행원품入不思議解脫境界普賢行願品」

머리 숙여 귀의하옵고,

저의 본래 스승이신 관세음보살의 거울 같은 청정한 지혜를 관찰하오며,

또한 제자의 본래 청정한 성품을 관찰합니다.

(스승과 제자는) 하나의 본성으로 같아 청정하며 밝고, 시방에 두루 하여 확 트이고 텅 비었으니, 중생이니 부처니 할 모습 따로 없고, 귀의하는 주체이니 대상이니 할 것도 없습니다.

이렇게 이미 밝고 깨끗하여 비춤에 모자람이 없어서 삼라만상이 그 가운데 홀연히 나타납니다.

스승의 수월水月 장엄과 한량없는 모습,

제자의 헛된 몸과 번뇌에 물든 육신 사이에는

국토와 몸, 깨끗함과 더러움, 괴로움과 즐거움이 같지 않습니다.

그렇지만 모두 거울 같은 청정한 지혜를 떠나지 않습니다.

이제 관세음보살의 거울 속에 있는 제자의 몸으로

제자의 거울 속에 계신 관세음보살께 몸과 마음을 바쳐 절하옵고

진실한 원을 세웠으니 가피를 내려 주소서.

오로지 원하옵건대

제자는 세세생생 관세음보살*을 부르며 스승으로 모시겠습니다.

보살께서 아미타불을 머리에 이고 계시듯이,

저 또한 관세음보살을 머리에 이고 다니면서

10원願6향向과 천수천안과 대자대비가 관세음보살과 같아지고,

이어서 ▶▶▶

●   관세음보살은 아미타불을 왼쪽에서 보좌한다. 그 보살상의 보관寶冠에 아미타불이 새겨져 있는데, 그 것을 이 발원문에서 '보살께서 아미타불을 머리에 이고 계시듯이'라고 했다.

몸을 버리는 이 세상과 몸을 받는 저 세상에서 머무는 곳마다

그림자가 물체를 따르듯이 언제나 설법을 듣고 교화를 돕겠습니다.

온 누리의 모든 중생에게

대비주를 외우게 하고

관세음보살의 이름을 부르게 하여

다 함께 원통삼매의 성품 바다에 들게 하소서.

또 원하옵건대

제자가 이 생의 목숨을 다할 때에는

보살께서 빛을 놓아 인도해 주셔서

모든 두려움에서 벗어나 몸과 마음이 쾌적하고

한 찰나에 백화도량에 왕생하여

여러 보살과 함께 정법을 듣고 진리의 흐름에 들어

생각 생각이 밝아져서 여래의 큰 지혜를 일으키게 하소서.

원을 세웠으니

관세음보살께 몸과 마음을 바쳐 절하옵니다.

『**백화도량발원문약해**白花道場發願文略解』

───

• 　　　신라 의상義湘이 지었다.

九章

열반 속으로

처음 쓰는 대장경

붓다께서 말씀하셨다.

"비구들아, 모든 것이 타고 있다. 활활 타고 있다. 너희들은 먼저 이것을 알아야 한다.

그것은 무슨 뜻인가?

비구들아, 눈이 타고 있다. 그 대상을 향해 타고 있다. 귀도 타고 있다. 코도 타고 있다. 의식도 타고 있다. 모두 그 대상을 향해 활활 타고 있다.

비구들아, 그것들은 무엇으로 타고 있는가?

탐욕의 불길로 타고, 분노의 불길로 타고, 어리석음의 불길로 타고 있다."

『상윳타 니카야』 35 : 28 「불탑」

붓다께서 말씀하셨다.

"인생은 괴로움으로 가득 차 있다. 그것은 탐욕과 분노와 어리석음 때문이다. 나는 괴로움을 없애는 방법을 가르친다. 격렬한 탐욕의 불길이 없어지면 불안이나 괴로움도 없어진다. 훨훨 타오르는 불도 그 땔감이 다하면 꺼져 버리는 것과 같다.

그것을 나는 열반涅槃이라 한다."

『맛지마 니카야』 72 「왓차곳타와 불의 비유경」

비구야, 배 안의 물을 퍼내라.
속이 비면 배가 잘 가리니
탐욕과 분노와 어리석음을 버리면
쉽게 열반涅槃에 이르리라.

『법구경』 「사문품」

온갖 인연에 집착하여
삶과 죽음을 되풀이하는 중에
그 온갖 인연에 집착하지 않는 것을
열반涅槃이라 한다.

『중론』 제4권 「관열반품觀涅槃品」

붓다께서 말씀하셨다.

"포탈리야야, 탐욕은 마치 마른풀로 엮은 횃불을 들고 바람 부는 쪽으로 걸어
가는 것과 같다. 그 횃불을 빨리 버리지 않으면 손이 타는 고통을 당할 것이다."

『맛지마 니카야』 54 「포탈리야경」

아난존자가 전타栴陀라는 출가한 외도에게 말했다.

"탐욕에 물들어 집착하면 마음을 덮어 버리기 때문에 자기를 해치기도 하고 남을 해치기도 하며 자기와 남을 함께 해치기도 합니다. 그래서 그는 현세에서 죄를 받기도 하고 후세에 죄를 받기도 하며 현세와 후세에서 모두 죄를 받기도 합니다. 그래서 그는 항상 근심하고 괴로워하는 감정을 품게 됩니다. 또 마음이 분노에 덮이고 어리석음에 덮이면, 자기를 해치기도 하고 남을 해치기도 하며 자기와 남을 함께 해치기도 합니다. 그래서 그는 항상 근심하고 괴로워하는 감정을 품게 됩니다.

또 탐욕은 눈을 멀게 하고 지혜를 없애며 지혜의 힘을 약하게 하고 장애가 됩니다. 그것은 밝음이 아니고 평등한 깨달음도 아니며 열반涅槃으로 나아가지 못하게 합니다. 분노와 어리석음도 그와 같습니다."

『잡아함경』 제35권 제973경

마하구치라는 해 질 무렵에 선정禪定에서 깨어나 사리불에게 가서 안부를 물은 뒤 물러나 한쪽에 앉아 여쭈었다.

"묻고 싶은 게 있는데 짬이 있으면 대답해 주시겠습니까?"

"묻고 싶은 대로 물으시오. 아는 거라면 대답해 드리겠습니다."

"사리불이여, 눈이 형상에 매인 겁니까, 형상이 눈에 매인 겁니까? 귀와 소리, 코와 냄새, 혀와 맛, 몸과 감촉, 의식 기능과 의식 내용의 경우는 또 어떠합니까?"

"눈이 형상에 매인 것도 아니고 형상이 눈에 매인 것도 아닙니다. 귀와 소리, 코와 냄새, 혀와 맛, 몸과 감촉, 의식 기능과 의식 내용의 경우도 마찬가지입니다.

마하구치라여, 그 중간에 탐욕이 있어 얽어매는 겁니다. 예를 들어 검은 소와 흰 소가 하나의 멍에에 매였다고 합시다. 그때 어떤 사람이 '검은 소가 흰 소에 매였습니까, 흰 소가 검은 소에 매였습니까?' 하고 묻는다면 바른 질문이 되겠습니까?"

"아닙니다. 검은 소가 흰 소에 매인 것도 아니고 흰 소가 검은 소에 매인 것도 아닙니다. 다만 그 중간에 멍에가 있어 그들을 얽어맨 겁니다."

"마하구치라여, 그와 같이 눈이 형상에 매인 것도 아니고 형상이 눈에 매인 것도 아닙니다. 다만 그 중간에 탐욕이 있어 얽어매는 겁니다. 귀와 소리, 코와 냄새, 혀와 맛, 몸과 감촉, 의식 기능과 의식 내용의 경우도 마찬가지입니다.

마하구치라여, 만약 눈이 형상에 매인 것이라든가 형상이 눈에 매인 것이라면, 그리고 그 나머지 경우도 그러하다면, 세존께서 사람들에게 '청정한 수행을 하

이어서 ▶▶▶

면 괴로움에서 완전히 벗어날 수 있다'고 가르치시지 않았을 겁니다.

눈이 형상에 매인 것도 아니고 형상이 눈에 매인 것이 아니기에, 그리고 그 나머지 경우도 그러하기에, 세존께서 사람들에게 '청정한 수행을 닦으면 괴로움에서 완전히 벗어날 수 있다'고 가르치신 겁니다.

마하구치라여, 세존께서는 눈으로 형상을 보시되 그것이 좋든 나쁘든 탐욕을 일으키지 않습니다. 그러나 중생들은 눈으로 형상을 보면 그것이 좋든 나쁘든 탐욕을 일으킵니다. 그래서 세존께서는 '탐욕을 끊어야 마음이 해탈한다'고 설하신 겁니다.

귀와 소리, 코와 냄새, 혀와 맛, 몸과 감촉, 의식 기능과 의식 내용의 경우도 마찬가지입니다."

『잡아함경』 제9권 제250경

九

탐욕에서 근심이 생기고
탐욕에서 두려움이 생긴다.
해탈하여 탐욕이 없어지면
무엇을 근심하고 두려워하랴.

『법구경』「호희품好喜品」

十

나는 병에 따라 약을 처방해 주는 의사와 같으니, 그 약을 먹지 않는 것은 의사의 탓이 아니다. 또 길을 안내하는 길잡이와 같으니, 인도하는 대로 따르지 않는 것은 길잡이의 탓이 아니다.

『불유교경』

라다가 세존에게 물었다.

"세존이시여, 무엇을 위해 세속을 떠납니까?"

"격렬한 탐욕을 버리기 위해서다."

"무엇을 위해 탐욕을 버립니까?"

"열반涅槃을 위해서다."

"그러면 세존이시여, 무엇을 위해 열반을 얻는 겁니까?"

"라다야, 너의 질문은 너무 지나치다. 묻는 데 끝을 모르는구나.

라다야, 나의 가르침은 열반에 이르는 게 목적이다. 우리들이 청정한 수행을
하는 것도 모두 열반에 이르기 위한 것이고, 열반에서 끝난다."

『상윳타 니카야』 23 : 1 「악마惡魔」

붓다께서 나타에게 물으셨다.

"색色은 영원한가, 무상無常한가?"

"무상합니다, 세존이시여."

"무상하다면 그것은 괴로운 것인가?"

"그렇습니다, 세존이시여."

"수受 · 상想 · 행行 · 식識도 그와 같다.

나타야, 무상하고 괴로운 것이라면 그것은 변하는 법이다. 배운 게 많은 성자의 제자가 과연 그것에서 색色은 '나'다, '나'와 다르다, '나'이면서 '나'와 다른 게 함께한다고 보겠느냐?"

"아닙니다, 세존이시여."

"배운 게 많은 성자의 제자는 이 5수음受陰을 '나'라거나 '내 것'이라고 보지 않으므로 모든 세간에서 소유할 게 없고, 소유할 게 없으므로 집착할 게 없고, 집착할 게 없으므로 스스로 열반涅槃을 깨닫는다."

『잡아함경』 제6권 120경

가나카 목갈라나가 물었다.

"세존이시여, 열반涅槃은 있고 거기에 이르는 길도 있는데, 왜 거기에 이르는 사람도 있고, 이르지 못하는 사람도 있습니까?"

"목갈라나야, 그대에게 왕사성으로 가는 길을 묻는 사람이 있다고 하자. 그대는 자세히 길을 일러 줄 것이다. 그러나 어떤 사람은 무사히 왕사성에 이르고, 어떤 사람은 길을 잘못 들어 헤매기도 할 것이다. 그것은 왜 그런가?"

"세존이시여, 저는 길을 가르쳐 주었을 뿐입니다. 그것을 제가 어떻게 하겠습니까?"

"목갈라나야, 그대의 말대로 열반은 있고 거기에 이르는 길도 있다. 그러나 나의 제자 중에는 열반에 이르는 이도 있고, 이르지 못하는 이도 있다. 그것을 내가 어떻게 하겠는가. 나는 오직 길을 가르쳐 주는 스승일 뿐이다."

『맛지마 니카야』 107 「가나카 목갈라나경」

十章

붓다의 유언

처음 쓰는 대장경

붓다께서 아난에게 말씀하셨다.

"교단이 내게 바라는 것이라도 있느냐?

만약 어떤 이가 스스로 '나는 교단을 거느리고 있다, 나는 교단을 다스리고 있다'고 말한다면, 그는 교단에 대해 할 말이 있겠지만 여래는 '나는 교단을 거느리고 있다, 나는 교단을 다스리고 있다'고 말하지 않았다. 그러니 어찌 교단에 대해 할 말이 있겠는가.

아난아, 나는 설해야 할 가르침을 안팎으로 이미 다 설했지만 '보이는 것에 모두 통달했다'고 자칭한 적은 한 번도 없다. 나는 이미 늙어 나이가 80이다. 낡은 수레를 수리하면 좀 더 갈 수 있는 것처럼 내 몸도 그러하다. (…)

아난아, 스스로 맹렬히 정진하되 가르침에 맹렬히 정진하고 다른 것에 맹렬히 정진하지 마라. 스스로 귀의하되 가르침에 귀의하고 다른 것에 귀의하지 마라. 이것은 어떻게 하는 것인가?

아난아, 몸〔身〕의 안팎을 부지런히 관찰하여 알아차림으로써 세상에 대한 탐욕과 근심을 소멸시켜 나간다.

느낌〔受〕과 마음〔心〕과 법法도 이렇게 관찰한다.

아난아, 이것을 스스로 맹렬히 정진하되 가르침에 맹렬히 정진하고 다른 것에 맹렬히 정진하지 말며, 스스로 귀의하되 가르침에 귀의하고 다른 것에 귀의하지 말라는 것이다.

아난아, 내가 멸도滅度한 뒤에 이렇게 수행하는 자가 있으면, 그는 곧 나의 참제자이고 제일가는 수행자일 것이다." (…)

그때 세존께서 강당으로 가서 자리에 앉아 여러 비구에게 말씀하셨다.

이어서 ▶▶▶

"너희들은 알아야 한다. 나는 이러한 수행법으로 스스로 증득하여 최정각最正覺을 이루었다. 4염처念處 · 4정근正勤 · 4신족神足 · 4선禪 · 5근根 · 5력力 · 7각지覺支 · 8정도正道가 그것이다.

너희들은 이 수행법 가운데서 서로 화합하고 공경하고 순종하며 다투지 마라. 같은 스승에게서 가르침을 받았으니, 물과 우유처럼 섞여 내 가르침 가운데서 부지런히 공부하고 맹렬히 정진하면서 함께 즐기라. (…)

너희들은 이를 잘 받아 지녀서 가늠하고 분별하여 상황에 따라 알맞게 수행해야 한다. 여래는 3개월 뒤에 반니원般泥洹할 것이다."

여러 비구는 이 말씀을 듣고 모두 깜짝 놀라 숨이 막히고 정신이 아찔하여 땅바닥에 몸을 던지고 큰 소리로 탄식했다. (…)

붓다께서 여러 비구에게 말씀하셨다.

"그만두라, 걱정하거나 슬퍼하지 마라. 이 세상 만물로 생겨나서 끝나지 않은 것은 하나도 없다. 변하는 것을 변하지 않게 할 수는 없는 법이다. 전에도 말했지만 인정과 애정은 영원하지 않고, 모인 것은 반드시 흩어지기 마련이다. 몸은 자기 소유가 아니고 목숨은 오래가지 않는다." (…)

그때 세존의 얼굴 모습은 평온했고 위엄스러운 광명이 타오르듯 빛났다. 6근根은 청정했고 얼굴빛은 평화롭고 기쁨에 넘쳤다. 아난이 그 모습을 보고 생각했다.

'내가 세존을 모신 지 25년이나 되었지만 세존의 얼굴빛이 저렇게 밝게 빛나는 것을 본 적이 없다.'

그러고는 자리에서 일어나 오른쪽 무릎을 땅에 대고 차수합장叉手合掌하여 붓다

이어서 ▶▶▶

에게 여쭈었다.

"제가 세존을 모신 지 25년이나 되었지만 지금처럼 세존의 얼굴이 빛나는 것을 보지 못했습니다. 무슨 까닭인지 듣고 싶습니다."

붓다께서 말씀하셨다.

"여래의 얼굴빛이 보통 때보다 빛나는 경우는 2번 있다. 하나는 붓다가 처음 깨달음을 이루었을 때이고, 둘은 죽음에 임박해서 목숨을 버리고 멸도하려 할 때이다." (…)

그때 세존께서 쿠시나가라에 들어가 말라족末羅族이 사는 곳으로 향하셨다. 그리고 쌍수雙樹 사이로 가서 아난에게 말씀하셨다.

"쌍수 사이에 누울 자리를 마련하는데 머리는 북쪽을 향하도록 하고 얼굴은 서쪽을 향하도록 하라. 왜냐하면 장차 내 가르침이 널리 퍼져 북쪽에서 오래 머물 것이기 때문이다."

아난이 분부대로 자리를 마련하자 세존께서 몸소 승가리僧伽梨를 4번 접어 그 위에 누우셨는데, 사자처럼 오른쪽 옆구리를 땅에 대고 발을 포개셨다. (…)

그때 세존께서 울다라승鬱多羅僧을 헤치고 금빛 팔을 내보이며 여러 비구에게 말씀하셨다.

"너희들은 우담발화優曇鉢華가 드물게 피는 것처럼, 여래도 그렇게 드물게 출현한다고 생각하라."

그러고는 이 뜻을 거듭 밝히려고 게송으로 말씀하셨다.

오른팔은 자금색紫金色

이어서 ▶▶▶

붓다 출현 영서靈瑞 같고
가고 오는 의식 작용 무상無常 하니
마음을 지키고 단속하면 열반涅槃 얻으리라.

"그러므로 비구들아, 마음을 지키고 단속하라. 나는 마음을 지키고 단속했기 때문에 정각正覺을 이루었다. 한량없는 온갖 선善도 마음을 지키고 단속함으로써 얻는다. 이 세상 만물로서 영원히 존재하는 것은 없다. 이것이 여래가 남기는 최후의 말이다."

『장아함경』 제2-4권 「유행경」

- **갈애**渴愛 목이 말라 애타게 물을 찾듯이, 몹시 탐내어 집착하는 애욕이고, 삶이 자신의 뜻대로 되기를 바라는 욕구이다.
- **고고**苦苦 태어나서 늙고 병들고 죽는 괴로움을 말한다. 5온蘊이 탐욕과 집착과 분별의 무더기이므로 괴로움이라는 것을 행고行苦라 하고, 바람이 무너짐으로써 받는 괴로움을 괴고壞苦라 한다.
- **공**空 ⑤śūnya ①모든 존재는 무수한 원인과 조건들의 일시적 화합으로 형성되어 매 순간 변화를 거듭하므로 거기에는 독자적으로 존속하는 실체도 없고, 불변하는 고유한 본질도 없고, 고정된 경계나 틀도 없다는 뜻. ②온갖 분별이 끊어진 상태. 온갖 대상에 대한 '좋다/싫다', '옳다/그르다', '예쁘다/못나다' 등의 분별이 끊어진 무분별의 상태. 온갖 분별과 집착과 괴로움을 잇달아 일으키는 이분법의 생각이 소멸된 상태. 번뇌와 망상이 일어나지 않는 상태.
- **괴고**壞苦 바람이 무너짐으로써 받는 괴로움을 말한다.
- **나한 계침**羅漢桂琛 867-928. 당唐 · 오대五代의 승려. 절강성 상산常山 출신으로, 20여 살에 고향의 만세사萬歲寺에 출가하고, 현사 사비玄沙師備.835-908를 사사師事하여 그의 법法을 이어받았다. 복건성 지장원地藏院과 나한원羅漢院에서 선풍禪風을 크게 일으켰다.
- **대주 혜해**大珠慧海 생몰년 미상. 복건성 건주建州 출신으로, 절강성 월주越州 대운사大雲寺의 도지道智.?-?에게 출가하고, 마조馬祖를 6년 동안 사사師事하여 그의 법法을 이어받았다. 『돈오입도요문론』을 지으니, 마조가 그것을 보고 대중에게 "월주에 큰 구슬〔大珠〕이 있으니, 둥글고 밝은 빛이 자재하게 비치어 막힌 데

가 없도다"라고 한 데서 대주라고 불렸다. 『경덕전등록』에는 1,701명의 선사들의 행적과 법문이 실려 있는데, 그 가운데 대주의 법문이 가장 많다.

- **대혜 종고**大慧宗杲 1089-1163. 남송南宋의 승려. 안휘성 선주宣州 출신으로 임제종 양기파楊岐派이다. 17살에 출가하여 담당 문준湛堂文準. 1061-1115의 제자가 되었으나 그가 입적하자 원오 극근圜悟克勤. 1063-1135을 사사師事하여 그의 법法을 이어받았다. 강서성 운문암雲門庵에 머물고, 절강성 경산徑山 능인선원能仁禪院에서 간화선看話禪을 크게 일으켰다. 그는 조주趙州의 '무無'자 화두를 철저하게 수행의 근본으로 삼았고, 천만 가지 의심도 결국은 하나의 의심에 지나지 않으며, 화두의 의심이 깨뜨려지면 천만 가지 의심이 일시에 사라진다고 하여 화두와 정면으로 대결할 것을 역설했다. 효종孝宗이 즉위 때 대혜선사大慧禪師라는 호를 내렸고, 시호는 보각선사普覺禪師이다. 제자들이 『대혜보각선사어록』·『대혜보각선사종문무고大慧普覺禪師宗門武庫』·『대혜보각선사서大慧普覺禪師書』 등을 엮었다.

- **마조 도일**馬祖道一 709-788. 당唐의 승려로, 성姓은 마馬이다. 사천성 한주漢州 출신으로, 고향의 나한사羅漢寺에 출가하고, 사천성 익주益州 장송산長松山과 호북성 형남荊南 명월산明月山에서 수행하고, 남악 회양南嶽懷讓. 677-744을 사사師事하여 그의 법法을 이어받았다. 복건성 건양建陽 불적암佛跡巖, 강서성 건주虔州 공공사龔公寺, 강서성 종릉鍾陵 개원사開元寺, 강서성 석문산石門山 보봉사寶峰寺 등에 머물면서 선풍禪風을 크게 일으켰다.

- **멸도**滅度 ①모든 번뇌가 완전히 소멸된 상태. ②육신의 소멸, 곧 죽음.

- **무문 혜개**無門慧開 1183-1260. 남송南宋의 승려. 절강성 항주杭州 출신으로, 자字는 무문無門이다. 항주 천룡사天龍寺에 출가하고 여러 지역을 편력하다가 강소성 평강平江 만수사萬壽寺의 월림 사관月林師觀. 1143-1217 문하에서 조주의 '무無'를 6년 동안 맹렬히 참구했으나 소식이 없었다. 그러던 어느 날 점심 공양을 알리는 북소리를 듣고 활연 대오했다. 46살 때 간화선看話禪의 핵심 공안집인 『무문관』을 간행했는데, 이 책은 48칙則의 공안을 선별해서 여기에 비평과 게송을 더한 것으로, 제1칙에 '조주구자趙州狗子'를 두었다. 따라서 『무문관』은 조주의 '무'에 응축되어 있고, 무문이 이 공안집을 간행한 목적은 '무'의 참구를 강조하기 위해서였다. 65살 때 황제로부터 금란가사金襴袈裟와 불안선사佛眼禪師라는 호를 받

왔다.

- **무여열반**無餘涅槃 모든 번뇌가 남김없이 소멸된 상태를 말한다.
- **무위**無爲 온갖 분별이 끊어진 마음 상태. 분별하지 않고 대상을 있는 그대로 파악하는 상태. 탐욕과 분노와 어리석음이 소멸된 열반涅槃의 상태이다.
- **반니원**般泥洹 반열반般涅槃과 같다.
- **반열반**般涅槃 Ⓢparinirvāṇa Ⓟparinibbāna의 음사. 멸도滅度·입멸入滅이라 번역한다. ①육신의 소멸. 곧 죽음. ②모든 번뇌가 완전히 소멸된 상태.
- **법**法 Ⓢdharma Ⓟdhamma ①현상. 존재. 대상. ②의식 기능[意]으로 지각하거나 분별한 의식 내용. ③가르침. ④집중하는 수행의 대상이나 주제.
- **법안 문익**法眼文益 885-958. 오대五代의 승려로, 법안종法眼宗의 창시자이다. 절강성 여항餘杭 출신으로, 7살에 출가하고 절강성 월주越州 개원사開元寺에서 구족계를 받았다. 나한 계침羅漢桂琛. 867-928을 사사師事하여 그의 법法을 이어받고, 강소성 금릉金陵 청량원清涼院에서 종풍을 크게 일으켰다.
- **벽지불**辟支佛 Ⓢpratyeka-buddha의 음사. 독각獨覺·연각緣覺이라 번역. 스승 없이 홀로 수행하여 깨달은 자, 또는 홀로 12연기緣起를 통찰하여 깨달은 자이다.
- **보살마하살**菩薩摩訶薩 마하살摩訶薩은 Ⓢmahā-sattva의 음사이고, '위대한 중생'이라는 뜻이다. 보살을 높여 일컫는 말이다.
- **본래면목**本來面目 본디부터 갖추고 있는 부처의 성품을 말한다.
- **분노**憤怒 삶의 진행이 자신의 뜻대로 되기를 바라는 탐욕이 채워지지 않아 일어나는 저항이다. 남의 생각이나 행동이 자신의 맘에 들지 않는다고 해서 일어나는 저항이고, 허망한 자존심에 상처를 받아 북받치는 저항이고, 매사가 자신의 뜻대로 되지 않아서 꿈틀대는 저항이고, 지금의 상태를 있는 그대로 수용하지 않는 저항이고, 아무런 잘잘못이 없는 인연의 흐름에 순응하지 않는 저항이다.
- **분별**分別 자신의 선입견이나 감정으로 대상을 '좋다/싫다', '아름답다/추하다', '깨끗하다/더럽다' 등으로 가른 이분화. 이 대립하는 이분의 분별이 마음을 산란하게 하고 어지럽히는 번뇌의 뿌리다. 왜냐하면 마음은 그 분별의 어느 한쪽에 집착(탐욕)하거나 저항(분노)하기를 끝없이 반복하면서 혼란과 요동을 거

듭하기 때문이다.
- **4고**苦 태어나서 늙고 병들고 죽는 괴로움을 말한다.
- **사다함**斯陀含 ⑤saṛkd-āgāmin ⑫sakad-āgāmin의 음사, 일래一來 · 일왕래一往來
  라고 번역한다. 이 성자는 욕계의 번뇌를 완전히 끊지 못했기 때문에 천상의
  경지에 이르렀다가 다시 한 번 인간계에 돌아와 완전한 열반涅槃을 성취한다고
  하여 일래 · 일왕래라고 한다.
- **4대**大 대상에 대한 4가지 지각으로, 대상이 단단하다고 지각되면 지대地大라
  하고, 축축하다고 지각되면 수대水大라 하고, 따뜻하다고 지각되면 화대火大라
  하고, 움직인다고 지각되면 풍대風大라 한다.
- **사마타** ⑫samatha 지止라고 번역한다. 하나의 대상에 집중하여 마음이 고요하
  게 가라앉은 상태이다.
- **4불괴정**不壞淨 불佛 · 법法 · 승僧과 계戒에 대한 견고하고 청정한 믿음을 말한다.
- **4선**禪 선정禪定을 닦는 수행자가 마음의 평온에 이르는 네 과정. 탐욕을 떨쳐
  버림으로써 희열과 행복이 있는 초선初禪, 마음이 깨끗하고 집중된 삼매三昧에
  서 생기는 희열과 행복이 있는 제2선禪, 평온에 머물면서 알아차리기(⑫sati)와
  분명한 앎을 지니고 몸으로 행복을 느끼는 제3선禪, 괴롭지도 즐겁지도 않으
  며 평온으로 알아차리기가 청정해진 제4선禪을 말한다.
  이 4선은 8정도八道에서 정정正定의 내용이고, 5근根에서 정근定根의 내용이며, 3
  학學에서 정학定學의 내용이다.
- **4섭법**攝法 중생을 불법佛法에 끌어들이기 위한 보살의 4가지 행위로, 남에게 부
  처의 가르침이나 재물을 베푸는 보시布施, 부드럽고 온화한 말을 하는 애어愛語,
  남을 이롭게 하는 이익利益, 서로 협력하고 고락을 같이하는 동사同事를 말한다.
- **4성제**聖諦 제諦는 ⑤satya의 번역으로 '진리'라는 뜻이다. 괴로움을 소멸시켜
  열반에 이르게 하는 4가지 성스러운 진리, 또는 4가지 성자의 진리이다.
  (1)고성제苦聖諦. 괴로움이라는 성스러운 진리이다. 늙고 싶어 늙는 것도 아니
  고, 병들고 싶어 병드는 것도 아니고, 죽고 싶어 죽는 것도 아니고, 늙고 병
  들고 죽는 원인이 태어남이니, 생로병사가 다 괴로움이다.
  인간은 대상과 마주치면 느낌이 일어나는데, 그 느낌이 좋으면 거기에 집착

하고 싶으면 그것을 회피한다. 그런데 싫어하는 대상을 회피하려 해도 계속 마주치고, 좋아하는 대상을 소유하려 해도 그러지 못하니 괴로움이다.

누구나 삶이 자신의 뜻대로 되기를 원하지만, 세상은 결코 그렇게 흘러가지 않는다. 그래서 원하는 것보다 원하지 않는 것이 더 많이 찾아오니 괴로움이다.

색色·수受·상想·행行·식識을 5온蘊이라 한다. 이 5온은 탐욕과 분별과 집착의 무더기인데도, 그것을 애지중지하니 괴로움이다. 5온에 대한 집착이 중생의 가장 끈질기고 견고한 집착이다. 이 집착 때문에 온갖 괴로움이 일어나는데, 그 집착에서 벗어나지 못하니 괴로움이다.

(2)집성제集聖諦. 괴로움의 발생이라는 성스러운 진리이다. 괴로움이 일어나는 원인은, 목이 말라 애타게 물을 찾듯이 몹시 탐내어 집착하는 갈애渴愛이다. 즉 삶이 자신의 뜻대로 되기를 바라는 탐욕이다. 허나 현실은 결코 자신의 바람대로 흘러가지 않는다. 자신의 탐욕이 채워지지 않으니까 분노한다. 그러니 삶의 진행이 자신의 의지대로 되기를 바라는 탐욕 그 자체가 어리석음이다.

(3)멸성제滅聖諦. 괴로움의 소멸이라는 성스러운 진리이다. 탐욕과 분노와 어리석음의 불길이 남김없이 꺼져 마음이 평온하고 안정된 상태이다. 탐욕과 집착과 분별이 소멸된 열반涅槃의 경지이다.

(4)도성제道聖諦. 괴로움의 소멸에 이르는 길이라는 성스러운 진리이다. 괴로움의 소멸에 이르는 길은 8정도正道라는 진리이다.

• 4정단正斷 번뇌를 끊기 위한 4가지 바른 노력이다. 이미 생긴 악은 없애려고 노력하는 단단斷斷, 아직 생기지 않은 악은 미리 방지하는 율의단律儀斷, 아직 생기지 않은 선은 생기도록 노력하는 수호단隨護斷, 이미 생긴 선은 더욱 커지도록 노력하는 수단修斷을 말한다.

• 3결結 결은 '번뇌'를 뜻한다. 탐욕과 분별의 무더기인 5온蘊을 실재하는 '자아'라고 집착하는 유신견有身見, 그릇된 계율이나 금지 조항을 바른 것으로 간주하여 집착하는 계금취견戒禁取見, 붓다의 가르침을 의심하는 의疑를 말한다.

유신견에서 신身은 ⑤Ⓟkāya의 번역으로, '무더기'·'더미'·'무리'라는 뜻이다. 곧 5온을 말한다.

- **37보리분법**菩提分法 깨달음을 이루는 데 도움이 되는 37가지 수행법을 말한다.

  (1)4염처念處. '4가지 알아차리기(Ⓟsati, 念)의 확립'이라는 뜻으로, 매 순간 움직이거나 일어났다 사라지는 신身 · 수受 · 심心 · 법法의 변화와 작용을 지속적으로 알아차려서 그것의 무상無常 · 고苦 · 무아無我를 거듭 통찰하여 그 4가지의 속박에서 벗어나는 수행이다. 여기서 법은 수행 중에 일어나 마음을 산란하게 하는 5개蓋 · 5온蘊 · 12처處 등을 말한다.

  (2)4정근正勤. 4가지 바른 노력이다. 아직 생기지 않은 악은 미리 방지하고, 이미 생긴 악은 없애려고 노력하고, 아직 생기지 않은 선은 생기도록 노력하고, 이미 생긴 선은 더욱 커지도록 노력하는 수행이다.

  (3)4여의족如意足. '자유자재한 힘을 성취하기 위한 4가지 기반'이라는 뜻이다. 적극적인 의욕으로 선정禪定을 닦아 자유자재한 힘을 성취하는 욕여의족欲如意足, 정진으로 선정을 닦아 자유자재한 힘을 성취하는 정진여의족精進如意足, 마음을 가다듬고 선정을 닦아 자유자재한 힘을 성취하는 심여의족心如意足, 사유하고 관찰하는 선정을 닦아 자유자재한 힘을 성취하는 사유여의족思惟如意足을 말한다.

  (4)5근根. 5가지 마음의 기능이다. ①신근信根. 불佛 · 법法 · 승僧과 계율에 대한 견고하고 청정한 믿음. ②정진근精進根. 아직 생기지 않은 악은 미리 방지하고, 이미 생긴 악은 없애려고 노력하고, 아직 생기지 않은 선은 생기도록 노력하고, 이미 생긴 선은 더욱 커지도록 노력하는 수행. ③염근念根. 4염처念處를 닦는 수행. ④정근定根. 4선禪을 닦는 수행. ⑤혜근慧根. 고苦 · 집集 · 멸滅 · 도道의 4성제聖諦를 통찰하고 체득하는 수행.

  (5)5력力. 5근根이 더욱 강건해진 힘으로, 신력信力 · 정진력精進力 · 염력念力 · 정력定力 · 혜력慧力을 말한다.

  (6)7각지覺支. 7가지 깨달음의 갈래를 말한다. 몸-마음이 안정되면서 알아차리기가 더욱 뚜렷해지는 염각지念覺支, 열반涅槃에 도움이 되는 선법善法인지 도움이 되지 않는 불선법不善法인지를 구별하는 택법각지擇法覺支, 선법은 증가시키고 불선법은 없애기 위해 더욱더 정진하는 정진각지精進覺支, 가슴에 잔잔

히 사무치는 희열이 일어나는 희각지喜覺支, 몸-마음이 가뿐하여 편안해지는 경안각지輕安覺支, 삼매三昧가 더욱더 깊어지는 정각지定覺支, 몸-마음의 온갖 변화와 작용에 집착하지도 저항하지도 않아 마음이 평온해지는 사각지捨覺支이다.

⑺8정도正道. 괴로움의 소멸에 이르는 8가지 바른 길이다. ①정견正見(바르게 알기). 괴로움, 괴로움의 발생, 괴로움의 소멸, 괴로움의 소멸에 이르는 길, 곧 4성제聖諦에 대해 바르게 알기. ②정사유正思惟(바르게 사유하기). 번뇌의 속박에서 벗어나고, 악의가 없고, 남을 해치지 않는 사유. ③정어正語(바르게 말하기). 거짓말하지 않고, 이간질하지 않고, 거친 말을 하지 않고, 쓸데없는 말을 하지 않는 것. ④정업正業(바르게 행하기). 살생하지 않고, 도둑질하지 않고, 음란한 짓을 하지 않는 것. ⑤정명正命(바르게 생활하기). 정당한 방법으로 생계를 꾸려 나가는 생활. ⑥정정진正精進(바르게 노력하기). 4정근正勤을 닦는 것으로, 이미 생긴 악은 없애려고 노력하고, 아직 생기지 않은 악은 미리 방지하고, 아직 생기지 않은 선은 생기도록 노력하고, 이미 생긴 선은 더욱 커지도록 노력하는 수행. ⑦정념正念(바르게 알아차리기). 4염처念處를 닦는 것으로, 매 순간 움직이거나 일어났다 사라지는 신身·수受·심心·법法의 변화와 작용을 지속적으로 알아차려서 그것의 무상無常·고苦·무아無我를 거듭 통찰하고 체득하여 그 4가지의 속박에서 벗어나는 수행. 여기서 법은 수행 중에 일어나 마음을 산란하게 하는 5개蓋·5온蘊·12처處 등을 말한다. ⑧정정正定(바르게 집중하기). 4선禪을 닦는 것으로, 탐욕을 떨쳐 버림으로써 희열과 행복이 있는 초선初禪에 이르고, 마음이 깨끗하고 집중된 삼매三昧에서 생기는 희열과 행복이 있는 제2선禪에 이르고, 평온에 머물면서 알아차리기(℗sati)와 분명한 앎을 지니고 몸으로 행복을 느끼는 제3선禪에 이르고, 괴롭지도 즐겁지도 않으며 평온으로 알아차리기가 청정해진 제4선禪에 이르는 수행.

• **상**想 상온想蘊의 준말로, 과거와 미래로 떠도는 '생각'의 무더기이다.
• **색**色 색온色蘊의 준말로, 안眼·이耳·비鼻·설舌·신身이 그 대상, 곧 색色·성聲·향香·미味·촉觸을 '분별하는 작용'의 무더기이다.
• **선근**善根 좋은 과보를 받을 근원이 되는 착한 행위를 말한다. 청정한 행위를 할

근성이며, 온갖 선善을 낳는 근본이다.
- **성문**聲聞 부처의 가르침을 듣고 아라한阿羅漢의 경지에 이르기 위해 수행하는 자이다.
- **수다원**須陀洹 ⑤srota-āpanna ⑩sota-āpanna의 음사. 예류預流 · 입류入流라고 번역한다. 4성제聖諦를 알지 못하여 일어나는 지적 번뇌, 곧 견혹見惑을 대부분 끊은 성자이다. 처음으로 성자의 계열에 들었으므로 예류 · 입류라고 한다.
- **승가리**僧伽梨 ⑤⑩saṃghāṭī의 음사. 가사袈裟 가운데 가장 크므로 대의大衣라고 한다. 직사각형의 베 조각들을 세로로 나란히 꿰맨 것을 1조條로 하여, 9조 내지 25조를 가로로 나란히 꿰맨 옷이다.
- **10원**願**6향**向 10원은 모든 가르침을 알고, 지혜의 눈을 얻고, 모든 중생을 제도하고, 좋은 방편을 얻고, 지혜의 배에 타고, 괴로움의 바다를 건너고, 계율과 선정禪定을 이루고, 열반涅槃의 산에 오르고, 무분별의 집에 들고, 진리의 몸을 이루려는 서원이다. 6향은 칼산지옥이 무너지고, 화탕지옥火湯地獄이 마르고, 지옥이 소멸되고, 아귀餓鬼들이 배부르고, 아수라阿修羅들의 악한 마음이 굴복되고, 축생들이 지혜를 이루기를 바라는 것이다. 6향은 4악도惡道, 곧 지옥 · 아귀 · 아수라 · 축생의 중생을 구제하려는 서원이다.
- **12연기**緣起 괴로움이 일어나고 소멸하는 12가지 의식 작용이다.
  (1)무명無明. 4성제聖諦를 통찰하여 체득하지 못함으로써 일어나는 의식 작용. 탐욕을 바탕으로 해서 분별하고 집착하는 어리석음을 말한다.
  (2)행行. ①탐욕과 집착으로 무엇을 어떻게 하려는 의지 · 의도 · 의욕. ②행온行蘊의 준말로, 탐욕으로 무엇을 어떻게 하려는 '의지'의 무더기.
  (3)식識. ⑤vijñāna ⑩viññāna ①대상을 '좋다/싫다', '옳다/그르다', '예쁘다/못나다' 등의 이분으로 분별하는 작용. ②식온識蘊의 준말로, 분별하여 아는 '인식'의 무더기.
  (4)명색名色. 이름과 형상으로 대상을 인식하는 작용이다.
  (5)6처處. 6가지 분별하는 작용. 곧 대상을 분별하는 안眼 · 이耳 · 비鼻 · 설舌 · 신身 · 의意의 작용이다.
  (6)촉觸. 6처와 그 대상인 색色 · 성聲 · 향香 · 미味 · 촉觸 · 법法의 6외처外處와 안

식眼識 · 이식耳識 · 비식鼻識 · 설식舌識 · 신식身識 · 의식意識의 6식識의 화합으로 일어나는 온갖 의식 작용이다.

(7)수受. 수온受蘊의 준말로, 분별한 갖가지 '느낌'의 무더기이다.

(8)애愛. 갈구와 애욕을 뜻한다.

(9)취取. 애욕에 의한 집착을 뜻한다.

(10)유有. 존재한다는 의식이다.

(11)생生. 태어난다는 의식이다.

(12)노사老死. 늙고 죽는다는 의식이다.

- **12처處** 6가지 분별 작용과 그 작용으로 분별한 6가지 대상, 곧 안眼 · 이耳 · 비鼻 · 설舌 · 신身 · 의意와 색色 · 성聲 · 향香 · 미味 · 촉觸 · 법法을 말한다. 이것은 대상을 보고, 듣고, 맡고, 맛보고, 감촉하고, 의식하면서 분별하여 번뇌와 탐욕과 집착에 물들어 있는 의식 작용이다.

- **18계界** 12처處에서, 안식眼識 · 이식耳識 · 비식鼻識 · 설식舌識 · 신식身識 · 의식意識의 6식識이 일어나 18가지 집단으로 분열된 마음 상태를 말한다.

- **쌍수雙樹** 두 그루의 사라수娑羅樹이다. 이 나무는 교목으로, 잎은 긴 타원형에 끝이 뾰족하고, 엷은 노란색의 꽃이 핀다.

- **아나함阿那含** ⑤Ⓟanāgāmin의 음사, 불환不還 · 불래不來라고 번역한다. 이 성자는 욕계의 번뇌를 완전히 끊어 색계와 무색계로 나아가고, 다시 욕계로 되돌아오지 않는다고 하여 불환 · 불래라 한다.

- **아누다라삼막삼보리阿耨多羅三藐三菩提** ⑤anuttarā-samyak-ṣambodhi의 음사, 무상정등각無上正等覺이라 번역한다. anuttarā는 '가장 뛰어나고', samyak은 '바르고', sambodhi는 '원만한 깨달음'을 뜻한다. 가장 뛰어나고 바르고 원만한 부처의 깨달음이다.

- **아라한阿羅漢** ⑤arhat Ⓟarahant의 음사, 응공應供 · 응진應眞 · 무학無學이라 번역한다. 공양 받을 만하므로 응공, 진리에 따르므로 응진, 더 닦을 것이 없으므로 무학이라 한다. 욕계 · 색계 · 무색계의 모든 번뇌를 완전히 끊어 열반涅槃에 이른 성자이다.

- **아미타불阿彌陀佛** 아미타阿彌陀는 ⑤amitāyus 또는 ⑤amitābha의 음사이고,

amitāyus는 무량수無量壽, amitābha는 무량광無量光이라 번역한다. '수명과 광명이 한량없다'는 뜻이다.

- **아승기겁**阿僧祇劫 아승기阿僧祇는 ⓢasaṃkhya의 음사, 헤아릴 수 없이 많은 수를 뜻한다. 겁劫은 ⓢkalpa의 음사, 지극히 긴 시간을 말한다.
- **업장**業障 그릇된 일을 저지른 온갖 장애이다. 악한 행위를 저지른 장애이다.
- **여래장**如來藏 중생의 마음에 감추어져 있는 여래의 청정한 성품을 말한다. 중생의 마음속에 본디부터 갈무리되어 있는 여래의 청정한 씨앗이다. 중생이 모두 갖추고 있으나 번뇌에 가려져 있는 여래의 성품. 모태母胎의 태아胎兒처럼, 중생의 마음속에 간직되어 있는 부처의 성품이다.
- **여의주**如意珠 소원을 이루게 해 준다는 보배 구슬이다.
- **열반**涅槃 ⓢnirvāṇa Ⓟnibbāna의 음사, 멸滅·멸도滅度·안온安穩이라 번역한다. '불어서 끈 상태'라는 뜻이다. 입으로 불어 꺼진 불처럼, 끝없는 소유욕과 삶이 자신의 뜻대로 되기를 바라는 탐욕, 탐욕이 채워지지 않아 일어나는 분노, 탐욕을 일으키는 어리석음이 완전히 소멸되어 평온에 이른 상태. 온갖 번뇌의 불길이 꺼져 마음이 안정된 상태이다.
- **5개**蓋 수행을 방해하는 5가지 장애를 말한다. 매사가 자신의 뜻대로 되기를 바라는 탐욕개貪欲蓋, 자신의 뜻에 맞지 않아 화를 내는 진에개瞋恚蓋, 혼미하고 몽롱한 수면개睡眠蓋, 들뜨거나 후회하는 도회개掉悔蓋, 부처의 가르침을 의심하는 의개疑蓋이다.
- **5수음**受陰 수受는 집착, 음陰은 온蘊과 같다. 집착하는 5가지 의식의 무더기, 곧 5온을 말한다.
- **5온**蘊 온은 '무더기'·'더미'·'무리'라는 뜻이다. 탐욕으로 분별하고 집착하는 5가지 의식의 무더기이다.
  (1)색온色蘊. 안眼·이耳·비鼻·설舌·신身이 그 대상, 곧 색色·성聲·향香·미味·촉觸을 '분별하는 작용'의 무더기이다.
  (2)수온受蘊. 분별한 갖가지 '느낌'의 무더기이다.
  (3)상온想蘊. 과거와 미래로 떠도는 '생각'의 무더기이다.
  (4)행온行蘊. 탐욕으로 무엇을 어떻게 하려는 '의지'의 무더기이다.

⑸식온識薀. 분별하여 아는 '인식'의 무더기이다.

• **5욕**欲 형상 · 소리 · 냄새 · 맛 · 감촉에 집착하여 일으키는 5가지 욕망을 말한다.

• **5음**陰 5온薀과 같다.

• **오조 법연**五祖法演 ?-1104. 송宋의 승려. 사천성 면주綿州 출신으로, 35살에 출가하여 유식학唯識學을 배우고, 백운 수단白雲守端. 1025-1072을 사사師事하여 그의 법法을 이어받았다. 대평사大平寺와 안휘성 서주舒州 백운산白雲山 해회사海會寺에 머물고, 만년에는 호북성 기주蘄州 오조산五祖山에서 선풍을 크게 일으켰다. 그는 수많은 화두 가운데 조주의 '무無' 자를 수행의 근본으로 할 것을 역설했다. 제자에 원오 극근 · 태평 혜근太平慧懃. 1059-1117 · 불안 청원佛眼清遠. 1067-1120 등이 있다.

• **5하분결**下分結 하분下分은 욕계欲界, 결結은 결박 · 족쇄 · 번뇌를 뜻한다. 중생을 욕계에 결박하여 해탈하지 못하게 하는 5가지 번뇌이다. 탐욕과 분별의 무더기인 5온薀을 실재하는 '자아'라고 집착하는 유신견有身見, 그릇된 계율을 바른 것으로 간주하여 집착하는 계취戒取, 붓다의 가르침을 의심하는 의疑, 욕계의 탐욕인 욕탐欲貪, 분노하거나 증오하는 진에瞋恚를 말한다.

• **우담발화**優曇鉢華 ⑤ⓟudumbara의 음사, 영서靈瑞라고 번역한다. 인도 북부와 데칸고원에서 자라는 우담발의 꽃이다. 우담발은 낙엽 관목으로 잎은 긴 타원형이고, 열매는 여러 개가 모여 맺힌다. 작은 꽃이 항아리 모양의 꽃받침에 싸여 보이지 않기 때문에 3천 년 만에 한 번 꽃이 핀다고 하여, 그 꽃을 희귀한 것이나 만나기 어려운 것에 비유한다.

• **우안거**雨安居 고대 인도의 수행승들이 우기雨期 3개월 동안 외출을 금하고 동굴이나 사원에서 수행에만 전념한 제도이다.

• **울다라승**鬱多羅僧 ⑤ⓟuttara-āsànga의 음사이고, 가사袈裟 가운데 윗도리로 입으므로 상의上衣라고 한다. 직사각형의 베 조각들을 세로로 나란히 꿰맨 것을 1조條로 하여, 7조를 가로로 나란히 꿰맨 옷이다.

• **위산 영우**潙山靈祐 771-853. 당唐의 승려로, 위앙종潙仰宗의 창시자이다. 복건성 장계長溪 출신으로, 15살에 출가하여 절강성 항주杭州 용흥사龍興寺에서 경經과 율律을 배우고, 후에 백장 회해百丈懷海. 749-814를 사사師事하여 그의 법法을 이어

받았다. 호남성 담주潭州 대위산大潙山에서 선풍을 크게 일으켰고, 제자에 앙산 혜적仰山慧寂. 807-883 · 향엄 지한香嚴智閑. ?-898 등이 있다.

- **위팟사나** ⓟvipassanā 자신의 몸–마음에서 매 순간 움직이거나 일어났다 사라지는 변화와 작용을 어떠한 판단도 하지 않고, 있는 그대로 수용해서 지속적으로 알아차리고 통찰하여 무상無常 · 고苦 · 무아無我를 체득하는 수행이다. 어떤 대상이든 '좋다/싫다' 등으로 분별하면 좋은 것은 애착하고, 싫은 것은 혐오하여 마음이 산란해지므로 분별하지 않는 평정심이 유지된 상태에서 들숨날숨이나 몸의 감각을 끊임없이 세밀하게 알아차려서 몸–마음의 무상을 꿰뚫어 보고, 고를 절감하고, 자아가 해체된 무아를 체험하는 수행이다.

- **유위**有爲 ①온갖 분별을 잇달아 일으키는 마음 작용. 분별하고 차별하는 마음 작용. ②매 순간 생멸을 거듭하면서 변화하는 모든 존재. 여러 인연으로 모이고 흩어지면서 변해 가는 모든 존재. 무수한 원인과 조건들의 일시적 화합으로 순간순간 변화와 작용을 거듭하는 모든 존재.

- **6바라밀**波羅蜜 바라밀波羅蜜은 ⓢpāramitā의 음사, '완성'이라는 뜻이다.

  (1)보시바라밀布施波羅蜜. 남에게 재물을 베풀고, 남에게 부처의 가르침을 베풀고, 남을 온갖 두려움에서 벗어나게 해주는 것을 말한다.

  (2)지계바라밀持戒波羅蜜. 대승의 계율 가운데 가장 중요한 10선善을 지키는 수행이다. ①불살생不殺生. 살아 있는 것을 죽이지 않는다. ②불투도不偸盜. 훔치지 않는다. ③불사음不邪婬. 음란한 짓을 저지르지 않는다. ④불망어不妄語. 거짓말하지 않는다. ⑤불악구不惡口. 남을 괴롭히는 나쁜 말을 하지 않는다. ⑥불양설不兩舌. 이간질하지 않는다. ⑦불기어不綺語. 교묘하게 꾸미는 말을 하지 않는다. ⑧불탐욕不貪欲. 탐욕을 부리지 않는다. ⑨부진에不瞋恚. 화내지 않는다. ⑩불사견不邪見. 그릇된 견해를 일으키지 않는다.

  (3)인욕바라밀忍辱波羅蜜. 자신의 마음에 거슬리는 일이 있어도 노여워하지 않고 참고 견디는 수행이다.

  (4)정진바라밀精進波羅蜜. 나태하지 않고 힘써 노력하는 수행이다. 보시를 행하고, 계율을 지키고, 인욕과 선정禪定과 지혜를 힘써 닦는 것이다.

  (5)선정바라밀禪定波羅蜜. 선정禪定은 ⓢdhyāna의 음사인 선禪과 그 번역인 정定의

합성어이다. 하나의 대상에 집중해서 마음의 동요와 혼란을 가라앉히는 수행이다.

(6)반야바라밀般若波羅蜜. 반야는 ⑤prajñā의 음사, '지혜'를 뜻한다. '지혜의 완성'은 온갖 분별이 끊어져 어디에도 집착하지 않고 얽매이지 않는 상태이다. '분별'은 '좋다/싫다', '아름답다/추하다', '깨끗하다/더럽다' 등과 같이 자신의 감정으로 가른 이분화이다. 이 대립하는 허구의 분별이 불안정과 혼란의 근원이다. 왜냐하면 마음은 그 분별의 어느 한쪽에 애착하거나 혐오하기를 끝없이 반복하면서 요동치기 때문이다. 이분의 분별이 끊어진 무분별의 상태가 중도中道의 체득이다.

- **6적賊** 보고, 듣고, 맡고, 맛보고, 감촉하고, 의식하면서 분별하는 6처處를 도적에 비유한 말이다.

- **6진塵** 분별한 6가지 대상, 곧 형상·소리·냄새·맛·감촉·의식 내용은 마음을 더럽히므로 티끌이라 한다.

- **일체지一切智** 모든 것을 깨달은 부처의 지혜를 말한다.

- **전의轉依** 스스로 체득한 내면의 깨달음이다.

- **정학定學** 4선禪을 닦는 수행으로, 탐욕을 떨쳐 버림으로써 희열과 행복이 있는 초선初禪에 이르고, 마음이 깨끗하고 집중된 삼매三昧에서 생기는 희열과 행복이 있는 제2선禪에 이르고, 평온에 머물면서 알아차리기(Ⓟsati)와 분명한 앎을 지니고 몸으로 행복을 느끼는 제3선禪에 이르고, 괴롭지도 즐겁지도 않으며 평온으로 알아차리기가 청정해진 제4선禪에 이른다.

- **진여眞如** 마음의 청정한 본성이다. 본디부터 갖추고 있는 청정한 성품이며, 온갖 분별과 대립이 소멸된 청정한 마음이다.

- **차수합장叉手合掌** 두 손바닥을 합하고 오른손 다섯 손가락의 끝과 왼손 다섯 손가락의 끝을 약간 교차시키는 인도의 예법이다.

- **7보寶** 7가지 보석이다. ①금. ②은. ③유리琉璃. 검푸른 빛이 나는 보석. ④파리頗梨. 수정. ⑤차거車渠. 흰 산호. ⑥적진주赤眞珠. ⑦마노碼瑙. 짙은 녹색빛이 나는 보석. 그러나 경론經論에 따라 그 종류가 일정하지 않다.

- **탐욕貪欲** 삶의 진행이 자신의 뜻대로 되기를 바라는 욕구이다. 항상 건강하고,

재물을 많이 소유하고, 오래 살고, 남에게 주목 받고 인정받으려는 욕망을 말한다.

- **8고**苦 태어나서 늙고 병들고 죽는 괴로움과, 좋아하는 대상과 헤어져야 하는 괴로움, 싫어하는 대상을 만나야 하는 괴로움, 구해도 얻지 못하는 괴로움, 5온蘊이 탐욕과 집착과 분별의 무더기이므로 일어나는 괴로움을 말한다.
- **행고**行苦 5온蘊이 탐욕과 집착과 분별의 무더기이므로 괴로움이라는 뜻이다.
- **행원**行願 수행과 바람을 뜻한다. ①바람을 세우고 수행함. ②탐욕 없이 어떤 것을 행하거나 이루려는 바람.
- **향엄 지한**香嚴智閑 ?-898. 당唐의 승려. 산동성 청주靑州 출신으로, 출가하여 백장 회해를 사사師事하고 백장이 입적하자 그의 제자인 위산 영우潙山靈祐. 771-853를 사사했다. 호북성 무당산武當山의 암자에 은거하다가 대오大悟하고, 하남성 등주鄧州 향엄사香嚴寺에서 선풍禪風을 일으켰다.

편저자 곽철환

동국대학교 인도철학과를 졸업했다.

지은 책에 『시공 불교사전』, 『불교의 모든 것』, 『이것이 불교의 핵심이다』, 『한 권으로 읽는 불교 고전』, 『인생과 싸우지 않는 지혜』가 있고, 옮긴 책에 『금강경』이 있다.

처음 쓰는 대장경

초판 1쇄 인쇄일 2023년 1월 16일
초판 1쇄 발행일 2023년 1월 31일

편저자 곽철환

발행인 윤호권
사업총괄 정유한

편집 정상미 **디자인** 양혜민 **마케팅** 명인수
발행처 ㈜시공사 **주소** 서울시 성동구 상원1길 22, 6-8층(우편번호 04779)
대표전화 02-3486-6877 **팩스(주문)** 02-585-1755
홈페이지 www.sigongsa.com / www.sigongjunior.com

ISBN 979-11-6925-565-3 03220

*시공사는 시공간을 넘는 무한한 콘텐츠 세상을 만듭니다.
*시공사는 더 나은 내일을 함께 만들 여러분의 소중한 의견을 기다립니다.
*잘못 만들어진 책은 구입하신 곳에서 바꾸어 드립니다.